바른 목회와 교회 성장
비법은 없다

그리스도인들은 그 책의 사람들, 바로 성경의 사람들입니다. 성경에만 권위를 두고, 성경대로 살며, 성경에 자신을 계시하신 삼위 하나님만을 예배하고 사랑합니다. 이에 **그 책의 사람들**은 하나님께만 영광 돌리고, 하나님의 나라와 교회의 번영과 행복을 위해 성경에 충실한 도서들만을 독자들에게 전하겠습니다.

바른 목회와 교회 성장

비법은 없다

이성호 지음

차례

출판사 서문 • 6

글을 열며 • 12

1장 문제 제기: 우리나라 교회 앞에 놓인 장애물들 • 17

• 고령화: 서서히 다가오는 무시무시한 교회의 적 • 저출산: 교회를 덮치는 쓰나미
• 양극화: 작은 교회에 퍼부어지는 융단 폭격 • 세속화: 교회를 파괴하는 보이지 않는 암세포 • **더 깊은 공부와 나눔을 위한 질문**

2장 비법은 없다! • 31

• 변화된 환경: 무조건 열심히 하면 성장하는 시대는 지났다 • 비법: 허황된 신기루
• **더 깊은 공부와 나눔을 위한 질문**

3장 정도正道: 작은 교회의 단점을 약화하고 장점을 살리는 것 • 45

• 선택과 집중 • 우선순위 매기기: 본질, 규범, 비본질, 지혜 • 불필요한 것을 줄이거나 없애기 • 무엇을 어떻게 선택하고 집중할 것인가 • **더 깊은 공부와 나눔을 위한 질문**

4장 작은 교회도 교회다 • 87

• 설교 • 설교: 잔소리와 사탕발림 • 제대로 된 세례 시행: 작은 교회 교인으로 하여금 자부심을 갖게 해야 한다 • 매주 시행하는 성찬: 작은 교회만이 누릴 수 있는 특권 • **더 깊은 공부와 나눔을 위한 질문**

바른 목회와 교회 성장
비법은 없다

5장 정도正道의 실제적 적용 • 113

• 수요 기도회 • "비전 장사"의 함정 • 작은 교회의 재미 • 교회당 시설에 대한 신학의 중요성 • **더 깊은 공부와 나눔을 위한 질문**

6장 작은 교회 목사들이 종종 착각하는 것들 • 139

• 작은 교회 목사는 소신 있게 목회할 수 있다? • 시키면 잘하겠지? • 교회가 성장하지 않는 것은 주위 환경 탓? • 가정이 희생당하는 것은 어쩔 수 없다? • 나는 바로 하기만 하면 되고 교회가 성장하는 것은 하나님 몫이다? • **더 깊은 공부와 나눔을 위한 질문**

7장 무엇을 어떻게 준비해야 할 것인가 • 159

• 자신을 먼저 준비하라 • 멘토가 필요하다 • 해당 지역(사역)을 사랑하라 • 예배당 준비 • **더 깊은 공부와 나눔을 위한 질문**

8장 분립 개척: 개척 교회가 가장 효과적으로 자립하는 길 • 179

• 지점으로 "제일"교회가 되기 원한다면 • **더 깊은 공부와 나눔을 위한 질문**

글을 닫으며 • 195

부록 몇 가지 제안 • 199

출판사 서문

하나님의 사랑하심을 받고 성도로 부르심을 받은 모든 독자분께 하나님 우리 아버지와 주 예수 그리스도로부터 은혜와 평강이 있기를 바랍니다.

우리나라 교회와 목회자를 향한 절절한 사랑이 담긴 이 책을 지은 이성호 목사님은 역사신학 교수로서 전형적인 목회자 겸 신학자의 본보기를 보여 줍니다. 그러므로 목회 실천적이고 바른 신학적 노선에 근거하여 담백한 문체로 이 책을 썼습니다. 언제나 이성호 목사님의 글은 실제적이고 명확합니다. 결코 추상적이거나 관념적이지 않으며, 오늘 당장 그 자리에서 실천할 것을 은근히, 그러나 강력하게 촉구하는 글이기에 더욱 우리 마음을 움직입니다.

우리 마음과 더불어 손과 발을 움직이게 하는 또 다른 이유는 이 책이 탁상공론이나 사색에 따른 것이 아닌 실제 바른 교회가 무엇인가를 역사가 증명하는 대로 그리고 실제 저자가 목회 현장에서 이루어 가고 있는 모습을 담은 목회 지침서 혹은 실천서기 때문입니다.

이 책은 다음과 같은 특징이 있습니다.

현실에 대한 바른 이해와 상황 분석

이성호 목사님은 우리나라 사회와 더불어 교회가 당면한 현실적 문제들을 하나하나 짚어 가면서 이 책의 문을 엽니다. 그러고는 특별히 오늘날 작은 교회가 당면한 장애물들 앞에서 살아남을 "비법은 없다!"고 대답합니다. 그러면서 오직 "정도"正道를 걸으라고 명시합니다. 그 정도正道란 바른 신학에 근거한 지혜와 열심입니다.

개혁파 신학 기준

이 책에 전반적으로 흐르는 신학적 기반은 개혁파 신학입니다. 하나님의 절대 주권을 철저히 인정하는 가운데 하나님께서 인간에게 주신 지·정·의를 올바로 사용하여 교회를 성실하고 신실하게 이루어 나가는 성경적 정도正道의 원리를 말합니다.

실제적 적용

이 책은 원리만을 제시한 책이 아니라 바른 신학에 근거한 원리에 입각하여 성실하고 신실하게 교회를 이루어 나가기 위한 실제적 적용을 매우 구체적으로 제시합니다.

이성호 목사님은 책의 중반쯤 이런 말을 합니다. "교회 성장은 하나님께 달려 있다는 것을 저는 전적으로 인정합니다. 우리가 해야 할 일은 심고 물을 주는 것이라는 것도 전적으로 인정합니다. 이 책에서 저는 과연 목회자들이 제대로 심고 있는가, 제대로 물을 주고 있는가를 질문하는 것입니다……교회가 성장하지 않으면 바르게 목회했다는 사실 자체에서 위로를 받을 것이 아니라 정말 자신이 부족하다는 것을 안타까워하면서 가슴을 치는 것이 참된 목회자의 모습입니다. 하나님께서는 우리에게 말씀만 주신 것이 아니라 이성과 지혜도 주셨습니다. 그렇다면 이성과 지혜도 올바로 사용하는 것이 참된 목회자의 의무입니다." 그리고 글을 닫으면서는 "이 책은 작은 교회 목회자들을 위한 교과서로 쓰인 것이 아닙니다. 이 책은 작은 교회를 위해 해답을 제시하기 위한 것도 아닙니다. 이 책의 주목적은 작은 교회 목사나 성도들이 평소에 고민하거나 생각하지 못한 것들을 한번 상기시키고자 하는 것입니다." 하고 책의 취지를 잘 설명하고 있습니다.

이성호 목사님의 의도와 더불어 이 책을 통해 작은 교회 목회자는 교회가 바르게 성장하는 데 비법이 아닌 "정도"正道에 귀 기울이게 되고, 큰 교회 목회자는 자신이 하고 있는 목회가 과연 성경적인가를 되돌아보게 됨으로써 혹시 정도正道에서 어긋나 있다면 목회 방향을 다시 설정하게 되고, 성도는 진정한 교회의 모습이 무엇인지 알게 됨으로써 교회와 목회자를 위해 기도하며 교회를 바르게 하는 데 목회자와 동료 성도들과 함께 힘쓰게 되기를 진심으로 바랍니다.

귀한 원고를 출판하게 해 주시고 격려해 주신 이성호 교수님께 감사드립니다. 주께서 이 책을 주님 당신의 뜻대로 사용하셔서 귀한 열매들이 맺어질 때, 하나님 홀로 영광 받으시기를 간절히 기도합니다.

우리 주 예수 그리스도의 은혜가 이 책을 읽는 모든 독자분의 심령에 있기를 바라며!

대표하여 서금옥 올림

바른 목회와
교회 성장

비법은 없다

이성호

글을 열며

오늘날 우리나라에서 작은 교회가 살아남는 것은 낙타가 바늘귀에 들어가는 것보다 어렵게 되었습니다. 이 같은 상황에서 제가 이 책을 쓴 이유는 작은 교회도 대형 교회가 될 수 있다는 희망을 주기 위해 쓴 것이 아닙니다. 적어도 통계적으로 그것은 헛된 희망이고 헛된 희망을 주는 자는 거짓 선지자입니다. 오늘날 작은 교회 목사들의 절박한 심정을 이용하여 헛된 꿈을 불어넣어 자기 이익을 챙기는 무리가 적지 않습니다. 작은 교회 목사들도 그런 헛된 광고에 유혹되어 이리저리 휩쓸리는 경우가 많습니다. 하지만 어려울수록 정신을 차리고 문제의 본질을 파악하여 심지를 굳게 하는 것이 중요합니다.

누구나 느끼지만 우리나라에는 교회가 너무 많습니다. 그중 대다수는 작은 교회입니다. 이렇게 된 가장 큰 이유는 교단과 신학교가 자격 없는 목사들을 무책임하게 대량 방출했기 때문입니다. 청빙을 받지 못하니, 목사들이 교회 개척에 너도나도 뛰어든 것입니다. 이전에는 그런 교회가 상당수 자립하거나 큰 교회로 성장할 수 있었을지 모르지만 이제는 그와 같은 일이 거의 보이지 않습니다. 앞으로 작은 교회들 중에 상당수는 사라질 것이고 어떻게 보면 사라지는 것이 바람직합니다. 이 글을 읽는 목사들 중 정말로 하나님의 부르심에 확신이 없다면 지금이라도 목회의 길을 포기하고 다른 길을 걷는 것이 하나님 앞에서 올바른 자세일 것입니다. 그것은 본인을 위해서도 좋은 일일 뿐만 아니라 무엇보다 가족을 위해 행복한 결정입니다.

제가 정말 안타까워하는 것은 살아남아야 할 작은 교회들이 어려움을 많이 겪고 있다는 것입니다. 이 책을 쓴 대상은 바로 이 교회들을 목회하고 있는 목사들입니다. 이 목사들은 정말 말씀을 바로 전하기를 원하고 목회도 바로 하기를 원하지만 여러 가지 환경적 어려움으로 생존의 위협을 받고 있습니다. 개척을 하고 나서 교회가 성장하지 않은 상태에서 시간이 오래 지나면 낙심을 하기도 하고 주위의 세속적 흐름에 편승하려는 유혹을 느끼기도 합니다. 하지만 그런 길에 발을 들여놓으면 그동안 지켜 왔던 자부심마저 포기하는 것일 뿐 아니라 목회마저 더욱 어려워질 뿐입니다.

그러나 그렇다고 해서 무조건 성실하고 바르게 목회하는

것이 해답이 될 수는 없습니다. "열심히 일하면 하나님께서 역사하신다!"는 말은 아주 신앙이 좋은 말 같지만 다른 각도에서 보면 상당히 무책임한 말이 될 수 있습니다. 결과는 상관없이 자신이 바르다고 생각하는 목회에 충실했다는 그 자체에서 위안을 삼아서는 안 됩니다. 목회는 바른 말씀에 입각해서 무조건 열심히 해서 되는 것이 아닙니다. 특히 목회 환경이 너무 복잡한 오늘날 상황 속에서는 더욱 그러합니다. 열심과 더불어 목회에 필수인 것은 바로 지혜입니다. 바른 신학을 추구하는 목사일수록 지혜를 술수라고 생각하면서 깔보는 경향이 있는데 지혜와 술수는 구분해야 합니다. 제가 보기에 많은 목회자가 열심이 없어서 고생하기보다는 지혜가 없어서 고생하는 경우가 훨씬 많습니다. 그렇다면 지혜는 어디에서 오는 것일까요?

저는 신학교에서 교회사를 가르치는 교수입니다. 이 책을 접한 독자들은 신학 교수가 '목회를 얼마나 알겠어?' 하고 생각할지 모르겠습니다. 그래서 저는 미국에서 유학을 마치고 귀국하여 하나님의 섭리로 세 가정으로 구성된 조그만 개척 교회(광교장로교회)를 시작했다는 사실을 미리 밝히려고 합니다. 또한 어려서부터 저는 목사의 아들로 자랐습니다. 서당 개 삼 년이면 풍월을 읊는다 하지 않습니까? 목사의 아들로서 산골 교회, 어촌 교회, 대도시의 중형 교회와 소형 교회, 중소도시의 중형 교회 등 대형 교회를 제외하고 대부분의 유형들의 교회를 다 거치게 되면서 목회 현실에 어려서부터 눈을 뜨게 되었습니다. 목회에서 일어날 수 있는 거의 모든 상황을 부친 바로 옆에서 지켜보았습니다. 더 나아가 저는 스스로 작은 교회 살아남기 본부의 회장으로 생각하면서 기회가 되면 작은 교회를 방문하고 그 교회 목회자들과 대화를 했습니다. 이 책은 바로 그런 모든 경험의 산물입니다.

목회는 경험을 많이 했다고 잘하는 것이 아닙니다. 작은 교회를 많이 했다고 해서 작은 교회를 잘할 수 있는 것도 아닙니다. 오히려 작은 교회를 많이 한 목사일수록 작은 교회를 잘하지 못할 가능성이 많아질 수 있습니다. 자기 경험에 갇혀서 그것에서 벗어나지 못하기 때문입니다. 제가 방문한 작은 교회는 대부분 그런 안타까운 상황 속에서 목회를 하고 있었습니다. 그런 경우에는 자신의 경험과 교회의 관습을 벗어나는 것이 살아남는 길일 것입니다. 그러나 그것에는 용기와 확신이 필요합니다. 다른 사람이 걷지 않는 길이기 때문입니다.

이 책은 그런 용기 있는 선택을 한 사람들을 위한 책입니다. 그러나 그렇다고 해서 이 책은 뭔가 획기적 방법을 제시하는 책이 아닙니다. 그런 방법이 있다면서 작은 교회 목회자들을 유혹하는 광고들이 많이 있지만 대부분 그런 광고들은 특별한 자질과 환경을 가진 자들을 위한 것입니다. 그런 방법을 사용해서 성공하는 목사들이 있을 수 있겠지만 대부분 극소수에 지나지 않습니다. 극소수의 성공을 일반화할 수는 없습니다. 그런 내용일수록 평범한 목회자들에게는 좌절만 안겨다 줄 뿐입니다. 이 책은 평범한 목사들을 대상으로 썼습니다. 자기 자신이 특별한 은사를 가진 자가 아니라 다른 목사와 별 다를 바 없는 보통 목사라는 인식을 갖고 있다면 그리고 정말 자신의 목회에 뭐가 문제가 있는지를 알기 원한다면, 그분은 이 책을 읽을 준비가 되어 있는 목회자입니다. 이 책을 읽고 작은 교회를 목회하는 데 조금이라도 도움이 된다면 저로서는 그보다 더 큰 기쁨이 없을 것입니다.

1장

문제 제기:
우리나라 교회 앞에 놓인 장애물들

- 고령화: 서서히 다가오는 무시무시한 교회의 적
- 저출산: 교회를 덮치는 쓰나미
- 양극화: 작은 교회에 퍼부어지는 융단 폭격
- 세속화: 교회를 파괴하는 보이지 않는 암세포

- 더 깊은 공부와 나눔을 위한 질문

1장
문제 제기: 우리나라 교회 앞에 놓인 장애물들

　제 경험으로 보았을 때 우리나라 교회의 지도자들은 일반적으로 현실에 안주하고 있고 교회 미래에 대해서는 별 관심이 없을 뿐 아니라 관심이 있다 하더라도 근시안적이고 파편적이며 원론적 논의에 머무르는 경우가 많습니다. 우리가 하나님이 아닌 이상 미래를 정확하게 예측하는 것은 불가능하지만 과거와 현재의 모습을 보았을 때 큰 흐름은 그릴 수 있어야 합니다. 토인비Arnold Joseph Toynbee라는 유명한 역사가가 말했듯이 역사는 도전과 응전의 역사입니다. 미래에 닥쳐올 도전을 정확히 인식하고 그 도전을 잘 극복할 때 우리나라 교회는 지속적으로 발전할 수 있습니다. 지엽적인 것에 매몰되어 미래를 잘 대비하지 못한다면 교회는 그 존재 가치를 잃어버릴지도 모릅니다. 작은 교회 문제를 본격적으로 다루기 전에 우리나라 교회에 대한 미래의 일반적 도전들을 미리 다루는 이유는 작은 교회라고 해서 이런 문제를 비켜 갈 수 없기 때문입니다. 목사들이 이런 문제들을 정확하게 인식할 때 미래를 대비하면서 자신이 섬기는 교회를 더 튼튼하게 할 수 있습니다.

고령화: 서서히 다가오는 무시무시한 교회의 적

제가 보기에 우리나라 교회가 당면한 가장 큰 적은 고령화입니다. 고령화는 이미 우리 사회 곳곳에 뿌리 깊게 진행되고 있으며 사회 전체에 큰 부담이 되고 있습니다. 더 큰 문제는 이 고령화가 해결되기보다는 점점 더 심화되고 있다는 것입니다. 교회의 고령화는 사회보다 더 빨리 진행되는데 가장 큰 이유는 젊은이들이 기존 교회를 떠나서 젊은이들이 많이 모이는 교회로 옮기기 때문입니다. 제가 방문한 상당수의 교회에서 생동감 있는 청년회를 찾아보기가 심히 어려웠습니다. 지금 우리나라 교회는 알게 모르게 점점 말라 고사되어 가는 거대한 고목나무와 같습니다.

어떤 교회는 고령화 문제에 대한 해답을 노인 목회에서 찾기도 합니다. 그것도 하나의 방법이 될 수 있겠지만 보편적 방법이 될 수는 없습니다. 노인 목회가 쉽지도 않지만 그 부분에서 탁월한 역량을 가지지 않는다면 노인들을 잘 섬길 수도 없습니다. 무엇보다도 건강한 교회는 노인들의 비중이 높은 곳이 아니라 모든 세대가 골고루 같이 공존하는 교회입니다. 그렇다면 지금 교회가 해야 할 가장 중요한 일은 노인들에게 가치 있게 늙어 가는 법을 가르치는 것입니다. 노인들이 여생을 가치 있고 행복하게 사는 가장 좋은 길은 다음 세대와 더불어 사는 것입니다. 문제는 우리나라의 어떤 곳에서도 나이 드는 법을 가르치는 곳이 없다는 것입니다. 가장 큰 원인은 교회를 말씀으로 인도하는 목사들이 이 문제의 중요성에 대해 제대로 인식하지 못하거나 그 방법을 잘 모르기 때문입니다. 이 사실은 특히 목회자들이 은퇴식을 할 무렵에 가장 적나라하게 드러납니다. 나이는 들었지만 영적으로 성숙하지 못했기 때문에 유종의 미를 거두지 못하는 목사들이 적지 않은 것을 우리는 요즘 너무 자주 목도하고 있습니다.

우리나라 노인들의 가장 큰 문제는 다음 세대와 소통할 줄을 모른다는 것입니다. 이것은 의외로 나이든 목사나 장로일수록 더 심합니다. 나이든 목사나 장로들에게 젊은이들은 가르치는 대상일 뿐입니다. 젊은 사람들에게서도 배우겠다는 겸손한 자세를 가진 교회 지도자를 찾기가 상당히 어렵습니다. 심지어 청년부 성장을 위해 과감한 재정 지원은 해 주지만 청년들에게 교회의 중요한 일은 맡기지 않습니다. 청년들은 교회에서 찬양 인도를 해 주고 교회 부서에서 봉사해야 하는 존재며 교회 행사 하는 데 인원을 채워 주어야 할 존재일 뿐입니다. 그 결과 젊은이들은 교회의 영원한 손님일 뿐이며 이 같은 상태가 계속될 때 청년들은 기회만 생기면 미련 없이 그 교회를 떠나게 됩니다. 청년들을 하루 속히 교회의 주역으로 훈련시켜야 할 필요가 여기에 있습니다.

해결책은 분명합니다. 목사들이 스스로 나이 드는 법을 배워서 이것을 성도들에게 가르쳐야 합니다. 이것을 제대로 가르쳐 주는 곳이 없기 때문에 목사들은 성경을 통해 철저하게 배워야 합니다. 그리고 그것을 교회의 지도자들 특히 장로들에게 가르쳐 주어야 합니다. 장로들은 이런 일을 잘할 수 있는 능력 있는 목사를 분별하여 청빙해야 합니다(박사학위가 중요한 것이 아닙니다!). 교인들은 장로를 세울 때 청년들과 제대로 소통할 수 있는 사람을 세워야 합니다. 가장 좋은 방법은 젊은이들 중에서 다음 세대를 이어 갈 수 있는 신실한 사람을 장로로 세우는 것입니다. 우리 교단 헌법에 따르면 사십 세 이상이면 장로가 될 수 있으니(예전에는 삼십오 세도 장로가 될 수 있었는데 이 점에서 개정된 헌법은 오히려 퇴보한 것이라고도 볼 수 있습니다.) 이것을 적극적으로 활용할 필요가 있습니다. 필요하면 청년 지도자들을 당회에 참석시켜서 책임 있는 의견을 개진할 수 있게 장을 열어 줄 수도 있을 것입니다. 당회가 경로당으로 바뀌는 순간 교회 전체가 늙어 가는 것은 시간문제입니다.

단적으로 말해 우리나라 교회의 미래는 청년들과 나누는 소통에 성공하는가, 그렇지 않은가에 달려 있습니다. 어떤 사람들은 예배 시간에 청년들이 좋아하는 음악이나 프로그램을 도입하는 것으로 해결하려고 하는데 이것이야말로 임시방편일 뿐입니다. 그렇게 훈련받은 사람일수록 더 좋은 미디어 시설이 구비되어 있는 근사한 교회로 쉽게 가 버리는 경우가 많습니다. 또한 그렇게 신앙 교육을 받은 사람들은 다른 곳으로 이사 갈 때 굳이 작은 교회로 갈 이유가 없습니다. 진정으로 청년들의 신앙을 위한 것이 무엇인지를 근본적으로 고민해야 합니다.

저출산: 교회를 덮치는 쓰나미

고령화가 교회를 서서히 말라 가게 하는 질병이라면 저출산은 쓰나미와 같이 갑자기 닥치는 재앙이라고 할 수 있습니다. 이 문제를 다루기 전에 교회는 먼저 회개를 할 필요가 있습니다. 박정희 군사독재 정부는 늘어나는 인구를 감당하지 못해 산아제한을 강력히 추진했습니다. 불과 몇십 년 후를 바라보지 못한 근시안적 정책이었을 뿐 아니라 사탄적 정책이었지만 당시 거의 어떤 목사도 산아제한이 하나님의 뜻을 거스르는 것이라고 강단에서 단호하게 설교하지 않았습니다(저는 들어 본 적이 없습니다). 낙태라 부르는 태아 살해 역시 교인 중에서 알게 모르게 큰 죄의식 없이 시행했고 지금도 그렇게 바뀌지 않았습니다.

지금은 정부가 출산을 장려하고 있지만 산아제한보다 더 강력한 시대 상황이 아이를 낳지 못하게 하고 있습니다. 주거 비용과 사교육비는 신자들로 하여금 자녀들을 많이 낳는 것을 두려워하게 합니다. 성경은 여자에게 "집안일을 하게 하라."(딛 2:5 참고)고 명령하고 있지만 여 신자들의 대부분은 집안일을 하찮게 여기고 아이를 기르는 것을 하나님께서 주신 막중한 소명이라고 생각하지 않습니다. 그러다 보니 자녀들이 가정에서 주의 훈계와 교훈으로 양육되지 않고 어린이 집이나 유치원에서 세속적 가치관으로 사육되고 있는 실정입니다.

상황은 더 암울합니다. 제가 알고 있는 모 초대형 교회는 수학능력평가 시험 백 일 전부터 새벽 기도회가 참석자들로 미어터지지만 수능이 끝난 바로 그다음 날 참석 수가 그전의 십 분의 일 이하로 떨어집니다. 대도시 교회일수록 중간고사나 기말고사가 있는 기간이면 중·고등부 예배 참석 인원이 확 줄어듭니다. 대부분의 교회가 상황이 크게 다르지 않을 것입니다. 자녀 교육에서 교인들도 불신자들과 차이가 서의 없습니다. 오히려 신앙이라는 이름으로 일류대를 향한 소망을 그럴듯하게 포장하고 있을 뿐입니다. 대한민국에서 최고 종교는 대학"교"라고 합니다. 이 대학이라는 우상 숭배에서 벗어나지 못한다면 우리나라 교회의 미래는 암울할 수밖에 없습니다.

양극화: 작은 교회에 퍼부어지는 융단 폭격

양극화 문제는 이미 우리나라 사회에 고질적 문제로 오랫동안 깊이 뿌리 박혀 있습니다. 앞으로 우파 정권이 정권을 잡고 있는 한 이 문제는 더 심화될 것이며 좌파 정권이 다시 정권을 잡는다 하더라도 양극화의 큰 흐름을 다시 되돌릴 수 없을 것입니다. 재벌은 이미 정부의 통제뿐만 아니라 시장의 지배를 벗어났습니다. 재벌들은 현재 모든 사업을 독식하고 있으며 중소기업이나 자영업은 도태할 것입니다. 중산층은 무너지고 소수의 가진 자가 부를 독식하며 빈곤층이 사회의 대부분을 차지하게 될 것입니다. 기업이 잘되어야 국민이 잘 사는 시절은 이제 끝났습니다. 세계화 시대에 삼성은 이제 대한민국만의 기업이 아닙니다.

교회도 양극화의 폭탄은 피할 수 없습니다. 점점 더 성도들이 대형 교회로 수평 이동을 하고 있는 실정입니다. 수많은 신학교 졸업생을 교회가 배출한 결과 수많은 미자립 교회가 양산되어서 서로 경쟁을 하고 있습니다. 교회가 급속히 부흥하고 있었을 때는 목사 수급을 위해 어쩔 수 없었다 하더라도 교회 성장이 멈춘 지금 신학교 입학 정원에 대해 각 교단 지도부는 책임 있는 결정을 해야 합니다. 예전과 달리 지금 교회를 개척하는 이들은 주위에 있는 교회는 말할 것도 없고 멀리 떨어져 있는 대형 교회와 무한 경쟁을 해야 합니다. 무조건 많은 수의 목회자를 배출하면 하나님께서 알아서 사용하실 것이라는 무책임한 생각을 재고해야 합니다. 시대가 바뀌었으면 정책도 바뀌어야 합니다. 청빙을 받지 못하여 어쩔 수 없이 미자립 교회의 개척을 선택한 목사들의 고통을 후배들이 더는 겪지 않도록 대 결단을 내려야 합니다.

안타깝게도 양극화의 큰 흐름은 변하지 않을 것입니다. 성도들은 큰 교회로 몰릴 것이고 서울과 지방의 차이는 더욱 심화될 것입니다. 이것은 지금 현재 규모가 좀 있는 교회라고 해서 예외가 될 수 없습니다. 요즘 교회들은 근본이 튼튼하지 않기 때문에 교회가 조금이라도 문제가 있으면 너무 쉽게 분열하는 경향이 있습니다. 결국 목사들이 목회 패러다임을 근본적으로 바꾸어야 합니다. 작은 교회를 큰 교회로 만드는 생각을 버리고 작은 교회를 훌륭한 작은 교회로 만들어야 합니다. 또한 자기 지역을 살기 좋은 지역으로 만드는 것에도 힘을 써야 합니다. 좋은 유치원이 생기는 것에도 관심을 두어야 하고 주변에 있는 학교들도 더 좋은 학교가 되도록 교회가 지원을 해야 합니다. 쉽게 말해 자기 지역에 사람이 몰리도록 교회가 사력을 다해 노력하지 않으면 그 교회는 쇠퇴할 수밖에 없습니다. 요즘 교회들이 이전과 달리 너무 교회 안에 갇혀 있는 경향을 보입니다. 교회가 사회적으로 책임 있는 소명을 다하지 못한다면 교회는 사회에서 외면당할 수밖에 없다는 사실을 기억해야 합니다. 교회와 사회를 더는 따로 떼어서 생각할 수 없습니다.

세속화: 교회를 파괴하는 보이지 않는 암세포

우리나라 사회는 급속히 세속화되어 가는 중입니다. 특별히 컴퓨터와 인터넷은 말할 것도 없고 스마트폰의 등장은 사람의 생활 방식을 완전히 바꾸어 놓았습니다. 사람들은 더는 진지하지 않고 초월적 세계에 대한 관심이 현저하게 떨어졌습니다. 바울이 말한 대로 사람들이 쾌락을 하나님보다 더 사랑하는 시대가 되었습니다. 언제 어디서든지 뉴스, 게임, 영화를 즐길 수 있게 되었습니다. 전도하기가 이전보다 보통 어려워진 것이 아닙니다. 모든 사람이 기계에 노예가 되어 가고 있습니다. 특히 어린이들의 스마트폰 중독은 정말 심각한 상황입니다.

그동안 우리나라 교회는 교회 성장을 거의 우상으로 섬기면서 지내 왔습니다. 그 결과 교회가 세상의 빛과 소금이 되기보다는 교회가 오히려 세상을 따라가고 있습니다. 세상의 온갖 것이 무분별하게 교회 안에 들어오고 있습니다. 특별히 예배에서 이런 세속화는 가장 심하게 진행되고 있습니다. 교회 건물 구조는 극장으로 변해 가고 있으며 사람의 귀를 즐겁게 하는 설교가 유행하고 있습니다. 기독교 방송의 상당 수 설교는 불신자들에게 오히려 혐오감을 주는 기가 막힌 현상이 벌어지고 있습니다(개신교, 천주교, 불교 방송을 객관적으로 한번 비교해 보십시오!). 다시 한 번 교회가 거룩성을 회복하지 않으면 우리나라 교회가 유럽 교회처럼 텅텅 비게 될 수 있다는 것을 명심해야 합니다.

세속화가 앞에 언급한 도전들보다 훨씬 더 위험한 이유는 이것들을 잘 인식하지 않는다는 데 있습니다. 다른 도전들은 교회에 대한 보이는 적이라면 세속화는 보이지 않는 적이라고 할 수 있습니다. 이 세속화를 잘 인식하지 않는 중요한 이유는 우리나라 교회들이 대부분 다 유행을 좇아가고 있기 때문입니다. 이 유행은 주로 대형 교회가 주도하고 있는데 작은 교회들은 그것들을 문제의식 없이 그대로 받아들이고 있는 실정입니다. 이후에 좀 더 자세하게 살펴보겠지만 세속적 가치관을 따라 교회를 세우는 것이야말로 교회를 파괴하는 암세포입니다. 이것은 특히 지방이나 촌에 있는 작은 교회에 치명적입니다.

이른바 긍정적 사고나 고지론을 통해 자라나는 학생들에게 이른바 비전을 심어 주면 나중에 어떤 결과가 나겠습니까? 그 학생들이 그 지역에 남아서 자기가 속한 교회를 바로 세우고 그 지역을 변화시키기보다는 대도시로 가서 대형 교회에 다니면서 어렸을 때 품었던 비전을 실현하려고 하는 것은 너무 당연합니다. 제가 보기에 오늘날 우리나라의 작은 교회는 복음의 진수를 잃어버렸기 때문에 좋은 학생들을 키워서 대형 교회에 헌납하는 역할을 잘 수행하고 있습니다. 오해하지 말기를 바랍니다. 저는 목사들이 학생들을 무조건 자기 교회의 교인으로 성장시켜야 한다는 말을 하는 것이 아닙니다. 그런 세속화를 의식하지 않으면 작은 교회들이 결국 도태할 수밖에 없다는 점을 지적하는 것입니다.

••• 더 깊은 공부와 나눔을 위한 질문 •••

1. 지은이는 작은 교회 문제를 본격적으로 다루기 전에 우리나라 교회에 대한 미래의 일반적 도전들을 미리 다룹니다. 왜 그렇게 한다고 말합니까?

2. 우리나라 교회가 당면한 가장 큰 적은 무엇입니까?

3. 모든 세대가 골고루 같이 공존하는 교회가 건강한 교회입니다. 그렇다면 지금 교회가 해야 할 가장 중요한 일은 무엇입니까?

4. 우리나라 노인들의 가장 큰 문제는 무엇입니까?

5. 교회의 고령화에 대한 해결책은 무엇입니까?

6. 고령화가 교회를 서서히 말라 가게 하는 질병이라면 쓰나미와 같이 갑자기 닥칠 수 있는 재앙은 무엇입니까?

7. 자녀 교육에서 교인들도 불신자들과 차이가 거의 없음을 볼 수 있습니다. 지은이가 든 실례들이 우리가 다니는 교회에서도 볼 수 있는 일인지 나눠 봅시다.

8. 교회의 양극화를 피할 수 없고 그 흐름은 변하지 않을 것입니다. 그렇다면 목사들은 근본적으로 무엇을 바꾸어야 할까요?

9. 지금 이대로 교회가 세속화된다면 우리나라 교회도 유럽 교회처럼 텅텅 비게 될 수 있습니다. 교회는 진정 무엇을 회복해야 할까요?

10. 교회들은 왜 세속화를 잘 인식하지 못하고 있습니까?

〈1장 문제 제기: 우리나라 교회 앞에 놓인 장애물들〉을 읽으면서 하나님께서 깨닫게 해 주신 것과 베풀어 주신 은혜를 생각하며 감사합시다. 또 깨달아 배우고 확신한 일에 거할 수 있게 해 달라고 기도합시다.

비법은 없다!

- 변화된 환경: 무조건 열심히 하면 성장하는 시대는 지났다
- 비법: 허황된 신기루
- 더 깊은 공부와 나눔을 위한 질문

2장

비법은 없다!

변화된 환경: 무조건 열심히 하면 성장하는 시대는 지났다

앞 장에서 보았듯이 교회사를 통해 볼 때 교회는 각 시대마다 큰 도전들을 받아 왔고 그 도전들에 대해 여러 가지 방식으로 응전하면서 자신의 정체성을 유지했습니다. 박해를 받던 시절에는 생존이 교회가 담당해야 할 가장 큰 과제였습니다. 번영을 하던 시절에는 자신의 신앙을 체계화하고 기독교 문화를 창달하는 것이 중요한 과제였습니다. 그렇다면 오늘날 우리나라 교회가 당면한 가장 중요한 과제는 무엇일까요? 여러 가지가 있겠지만 그중 하나는 작은 교회가 살아남아서 자립할 수 있게 하는 것이라고 생각합니다.[1]

교회사에서 작은 교회 살아남기가 교회의 핵심 과제가 된 적은 거의 없습니다. 로마 가톨릭 교회의 경우 로마 교황이 전

세계 교회를 지배하는 거대한 한 교회만이 있을 뿐이고 그리스 정교의 경우에도 주교가 지배하는 상당한 크기의 교회들만이 존재할 뿐입니다. 개신교인들이 일반적으로 이해하는 각 개체 교회는 이들 큰 교회의 한 부분일 뿐이지 온전한 교회라고 할 수 없습니다. 심지어 전통적 장로교회의 경우에도 노회 제가 발달해 있어서 작은 교회의 생존이 큰 문제가 되지 않습니다. 우리나라 교회가 유독 이 문제와 씨름해야 하는 이유는 우리나라 교회가 서로 연합과 교구 제도의 전통을 완전히 깨 버렸기 때문입니다. 물량주의와 개교회 중심주의가 사라지지 않는 한 작은 교회는 생존을 위해 몸부림칠 수밖에 없고 원하지 않더라도 큰 교회와 경쟁을 할 수밖에 없습니다. 이것은 우리나라 교회의 가장 큰 비극이며 불순종에 빠진 우리나라 교회에 대한 하나님의 심판이기도 합니다.

작은 교회가 우리나라에서 생존하기가 어렵게 된 과정을 간단하게나마 살펴봅시다. 우리나라 교회는 우리나라 사회와 분리해서 이해할 수 없습니다. 우리나라가 농촌 사회였을 때 농촌에도 건실한 교회들이 많이 있었습니다. 모두 작은 교회였기 때문에 작은 교회라고 해서 특별히 생존을 위한 고민과

---

1) 우리나라 교회가 당면한 가장 큰 과제는 고령화라고 저는 생각합니다. 작은 교회 살아남기는 교회의 일부분에만 영향을 미치지만 고령화는 교회 전체에 영향을 미칩니다. 큰 교회도 이 문제를 비켜 갈 수 없습니다. 작은 교회를 살리는 것은 어느 정도 해답이 있지만 고령화는 해답이 거의 없고, 있다 해도 거의 실현 불가능한 답입니다.

투쟁을 할 필요가 없었습니다. 그러나 도시화가 되면서 그 많던 농촌 교회는 소수의 노인들로 명맥만 유지하게 되었습니다. 도시화로 도시 안에 수많은 작은 교회들이 생겨나게 되었고 이들 중 상당수는 농촌 교회의 교인들을 흡수하면서 대형 교회로 성장하기도 했습니다. 실제로 1970-1980년대의 폭발적 성장은 이 같은 방식으로 이루어진 경우가 많았습니다.

1990년대까지는 일부 대형 교회들이 주변의 작은 교회들의 성도들을 흡수하면서 수평 이동에 따른 교회 성장이 두드러지게 되었습니다. 특히 여러 신도시가 건설됨으로 대형 교회들은 상당한 종교 부지를 확보하여 교회당 건물을 멋있게 지으면서 기존 신자들을 자연스럽게 끌어들이게 되었습니다. 이것은 오늘날도 여전히 일부는 진행 중입니다. 어떻게 보면 작은 교회의 가장 큰 장애물이 되는 것은 주변에 있는 큰 교회라고 할 수 있습니다.

이와 관련된 예를 하나 소개하겠습니다. 제가 거주했던 곳에 있는 어떤 작은 교회 목사가 열심히 어린이들을 전도해서 삼십여 명 정도로 주일 학교를 부흥시켰습니다. 그러나 바로 옆에 있는 교회가 하루는 어린이들에게 유명한 개그맨을 초청하여 큰 집회를 했습니다. 그다음 주 그 교회 출석하는 어린이들 대다수가 큰 교회로 옮겨 버렸습니다. 이것은 무엇을 뜻합니까? 무조건 열심히 한다고 해서 목회가 성공하는 것이 아니라는 것입니다. 물론 어린이들을 잘 키워서 주위에 좋은 프로그램이 있는 큰 교회에 보내는 것도 하나님 나라의 큰 관점에서 성공이라면 할 말은 없습니다. 그러나 평생 큰 교회 인원 불려 주는 역할을 하는 것이 하나님께서 말씀 사역자를 부르신 목적일까요?

앞에 언급한 예는 오늘날 교회 개척 상황이 1970-1980년대와는 완전히 다르다는 것을 단적으로 증명합니다. 당시에는 대다수가 개척 교회였고 모두 가난했기 때문에 개척 교회에 가는 것이 그다지 부담스러운 시대가 아니었습니다. 또한 큰 교회와 작은 교회가 그렇게 차이가 많이 없었습니다. 거리가 떨어진 경우에는 아무리 큰 교회를 가고 싶어도 가는 것이 수월하지 않았습니다. 하지만 자가용이 보편화된 오늘날 거리가 교회를 선택하는 데 거의 걸림돌이 되지 않게 되었습니다. 주차의 편리성은 교회를 선택하는 데 설교나 교육 프로그램보다 더 중요한 지표가 되었습니다. 간단히 말해 우리나라 교회의 변화된 상황은 작은 교회에 절대적으로 불리하게 움직이고 있습니다.

더 실감나게 이야기하면 이마트로 대변되는 대형 마트의 출현은 수많은 구멍가게를 초토화했습니다. 또한 기업형 슈퍼와 편의점 때문에 동네 가게는 거의 전멸 수준에 이르고 있습니다. 이런 현상이 교회에도 그대로 적용되고 있는 현실입니다.

교구 제도가 제도적으로 정착되어 있는 로마 가톨릭 교회와 달리 무제한 경쟁을 허용하고 있는 개신교회는 교회의 양극화를 근원적으로 막을 수 없습니다. 이런 양극화는 단순히 "큰 교회가 작은 교회를 돕자", "일정 규모 이상이 되면 분립을 하자", "가까운 교회에 가도록 성도들을 격려하자."와 같이 양심에 호소하는 순진한 도덕적 주장으로 해결할 수 없습니다 (물론 이런 건설적 캠페인을 하지 말자는 말은 절대 아닙니다!). 그렇다면 우리는 이런 양극화를 극복할 수 없다는 현실을 직시하고 그 속에서 최소한의 현실적 대안들을 찾아야 합니다. 앞으로 살펴보겠지만 우리나라 초대형 교회의 위력은 상상을 초월합니다. 어떤 경우에 저는 공포감을 느낄 정도입니다. 수많은 작은 교회 목사들도 비슷한 감정을 느낄 것입니다. 오늘날 우리나라 교회 속에서 작은 교회는 생존을 고민해야 합니다. 성장은 그다음에 고민해야 할 문제입니다. 이 책에서 "작은 교회 살리기"가 아니라 "작은 교회 살아남기"라는 말을 자주 할 텐데 그 이유도 교회 현실을 정확하게 반영해야 한다고 보기 때문입니다. 그러므로 작은 교회들이 살아남아서 바른 교회로 성장하기 위해서는 작은 교회에 대한 우리의 논의를 현실에 대한 정확한 인식에서 출발해야 합니다.

비법: 허황된 신기루

오늘날 교회 현실 인식을 정확하게 하면 할수록 작은 교회의 목회자들은 상당히 낙심이 될 것입니다. 그런데 이번 장을 읽게 되면 더 낙담할지 모르겠습니다. 이 장을 읽고 실제로 낙담을 하게 된다면 그분은 목회를 포기하고 다른 길을 가는 것이 하나님 나라를 위해 유익할 것입니다. 작은 교회 목사들 중 적지 않은 수가 목회 말고 할 일이 없어서 어쩔 수 없이 목회를 하고 있는 것을 봅니다. 이 책은 "그래도 이 길을 가겠습니다!" 하고 결단한 목회자들을 위한 책입니다. 작은 교회의 소망은 목회자의 분명한 소명에서 시작해야 합니다. 목회자의 소명이 없는 곳에서는 작은 교회의 생존 자체가 불가능하기 때문입니다.

단도직입적으로 이야기해서 작은 교회가 살아남는 비법은 없습니다. 이 말은 아무리 강조해도 지나치지 않습니다. 적어도 보통의 능력과 자질을 가진 목사들에게 이 명제는 부인할 수 없는 엄연한 사실입니다. 물론 특별한 비법을 사용하여 살아남는 특별한 경우의 작은 교회가 있을 것입니다. 그러나 그런 특별한 경우는 특별한 목사들에게만 적용이 될 뿐입니다. 일반적으로 보았을 때 오늘날 교인들이 작은 교회에 다닐 이유를 찾기가 쉽지 않습니다. 반대로 작은 교회에 다니지 않을 이유는 얼마든지 댈 수 있습니다. 독자들 스스로 가슴에 손을 얹고 생각해 보십시오! 여기에 교회가 두 개 있습니다. 하나는 아주 작은 교회고 다른 하나는 큰 교회입니다. 어느 교회에 호감이 더 갑니까? 신앙이 훌륭하다고 간주되는 사람들도 작은 교회에 다니기가 부담스러운데 그렇지 않은 사람들은 얼마나 부담이 되겠습니까?

많은 목사가 교회 성장을 위해 수많은 비법 세미나에 다니지만 이 세미나들 중에는 오히려 작은 교회 목사들의 절박한 심리를 이용해서 돈을 벌고 있는 프로그램이 많습니다. 어떤 교회 성장 프로그램에는 만 명이 넘는 목회자들이 모였다고 합니다. 한 명당 십만 원만 하더라도 십억이라는 엄청난 돈입니다. 비법에 넘어간 목회자들은 완전히 그 비법에 빠져서 그 다음 주부터 당장 목회에 적용합니다. 그러나 모두 실패하고 맙니다. 준비 없이 뛰어들었기 때문입니다. 오히려 성도들 간의 갈등과 불신만 조장됩니다. 목사는 그 비법에 대한 확신을 가졌는지 모르지만 성도들은 비법에 대한 기초 지식도 없었기 때문입니다. 이 상태에서 계속 비법을 고집한 목사들은 교회 안에서 일어난 갈등으로 대부분 그 교회를 떠나야 합니다. 그렇지 않으면 교인들이 그 교회를 떠나게 됩니다.

첫 번째 비법에서 실패했다는 것을 인정한 목사는 일반적으로 또 다른 비법을 찾습니다. 비법을 적용하고 또 실패하고 맙니다. 첫 번째 비법보다 당연히 두 번째 비법에 대한 준비의 완성도가 떨어집니다. 성공할 가능성은 더 떨어집니다. 이렇게 비법에 실패하는 목사들은 비법만 찾아 우왕좌왕합니다. 결국 비법을 위한 비법이 되어 버리고 비법은 교회가 으레 치르는 연례행사가 될 뿐입니다. 이렇게 되면 비법이 교회를 위해 존재하는 것이 아니라 교회가 비법을 위해 존재하게 됩니다. 성도들은 점점 더 비법을 위한 실험 수단으로 전락하게 됩니다. 물론 처음에는 잠시 효과가 있을지 모릅니다. 그러나 오히려 그런 효과 때문에 비법에서 손을 뗄 수가 없습니다. 그렇게 되면 비법은 목회자들에게 마약이 됩니다.

이렇게 비법에서 실패한 사람 중에는 아예 낙심을 하고 아무것도 안 하는 경우도 있습니다. 그야말로 자포자기하는 것입니다. 아무런 새로운 것도 시도하지 않고 그동안 해 왔던 방식 그대로 아무 고민 없이 반복할 뿐입니다. 어떻게 보면 비법을 찾아 헤매는 것보다는 훨씬 낫지만 문제 해결책은 될 수 없습니다. 시간이 지나면 지날수록 이런 교회는 점점 쇠퇴하다가 마침내 고사하게 됩니다.

이런 일이 왜 벌어지고 있을까요? 가장 큰 이유는 작은 교회가 살아남을 수 있는 뭔가 특별한 비법이 있다고 생각하기 때문입니다. 아니 비법이 있어야 한다고 생각합니다. 비법이 없다는 것은 작은 교회 목사들에게는 절망 그 자체기 때문입니다. 이 책은 그런 비법이 없다고 주장하기 때문에 사실은 작은 교회 목사들에게 절망을 주는 책이라고 할 수 있습니다. 작은 교회가 바르게 살아남기 위해서는 이런 절망의 순간을 넘어야 합니다. 왜냐하면 비법이 있다고 생각하는 순간 그 비법의 유혹에서 벗어나는 것은 불가능하기 때문입니다. 비법이 있다면 그것을 찾아서 사용하지 않을 이유가 없습니다. 작은 교회가 살아남는 비법이 있거나 있어야 한다고 생각하는 사람들은 여기서 이 책을 덮어도 좋습니다. 더는 이 책을 읽을 필요가 없기 때문입니다.

결국 문제 해결은 비법을 넘어서는 것이어야 합니다. 다시 한 번 곰곰 생각해 봅시다. 비법은 보통 사람이 아니라 특별한 사람을 위한 방법입니다. 자신이 특별한 사람이라고 생각하면 당연히 비법을 찾아 나서야 합니다. 예를 들어 어떤 목사에게는 방언이나 신유나 병 고치는 능력이 있을 수 있습니다. 또는 어떤 한 분야에 탁월한 능력이 있는 사람도 있습니다. 어떻게 보면 그런 사람은 이 책을 읽을 필요가 없습니다. 그 목사들은 이 책을 읽는 시간에 자신들이 갖고 있는 비법을 실천하는 것이 더 유익하기 때문입니다.

만약 자신이 스스로 평범한 목사라고 생각한다면 당연히 평범한 방법을 취해야 합니다. 평범한 목사는 비법보다는 정도正道를 취해야 하고 이 "정도"正道에 충실할 때 작은 교회는 살아남을 수 있다는 점을 분명히 인식해야 합니다. 비법은 특별한 목사를 위해 존재하는 것이고 정도正道는 보통 목사를 위해 존재합니다. 역사상 교회는 비법을 거부하고 정도正道에 충실했기 때문에 살아남을 수 있었습니다. 비법은 특정 시기, 특정 장소, 특정 사람에게 통할 수 있을 뿐입니다. 변화가 특히 심한 우리나라 사회에서 몇 년 전에 통한 방법이라 해서 오늘날에도 통한다는 보장이 없습니다. 그렇다면 작은 교회는 비법을 추구하기보다 정도正道를 추구하면서 지혜롭게 생존 방법을 모색하는 것이 해결책입니다. 그렇다면 이 정도正道가 무엇인지 다음 장에서 살펴봅시다.

••• 더 깊은 공부와 나눔을 위한 질문 •••

1. 각 시대마다 교회에는 담당해야 할 과제가 있었습니다. 다음 괄호에 알맞은 말을 찾아 적어 봅시다.

   박해를 받던 시절에는 (   )이 교회가 담당해야 할 가장 큰 과제였고 번영을 하던 시절에는 자신의 신앙을 (   )하고 (   )를 창달하는 것이 중요한 과제였습니다.

   오늘날 우리나라 교회가 당면한 가장 중요한 과제는 무엇입니까?

2. 지은이는 두 가지 문제가 사라지지 않는 한 작은 교회는 생존을 위해 몸부림칠 수밖에 없고 원하지 않더라도 큰 교회와 경쟁을 할 수밖에 없다고 말합니다. 이 두 가지를 적어 봅시다.

3. 작은 교회가 우리나라에서 생존하기가 어렵게 된 과정을 간단하게 말해 봅시다.

4. 본문 내용을 토대로 오늘날 교회 개척 상황은 1970-1980년대와 어떻게 다른지 나눠 봅시다.

5. 지은이가 "작은 교회 살리기"가 아니라 "작은 교회 살아남기"라는 말을 사용한 의도는 무엇입니까?

6. 작은 교회가 살아남기 위한 비법은 없습니다. 결국 문제를 해결하기 위한 방법은 무엇입니까?

7. 지은이는 작은 교회가 살아남기 위해서는 무엇에 충실해야 한다고 말합니까?

〈2장 비법은 없다!〉를 읽으면서 하나님께서 깨닫게 해 주신 것과 베풀어 주신 은혜를 생각하며 감사합시다. 또 깨달아 배우고 확신한 일에 거할 수 있게 해 달라고 기도합시다.

3장

정도正道:
작은 교회의 단점을 약화하고 장점을 살리는 것

- 선택과 집중
- 우선순위 매기기: 본질, 규범, 비본질, 지혜
- 불필요한 것을 줄이거나 없애기
- 무엇을 어떻게 선택하고 집중할 것인가

- 더 깊은 공부와 나눔을 위한 질문

3장

정도正道: 작은 교회의 단점을 약화하고 장점을 살리는 것

작은 교회가 생존하기 위한 정도正道는 의외로 간단합니다. 작은 교회의 단점을 약화하고 장점을 살리는 것입니다. 이 말은 들은 독자들은 대부분 허탈하다고 생각할지 모르겠습니다. 이것을 모르는 사람이 누가 있겠습니까? 책을 사기 위해 지불한 돈이 아깝다고 생각할 수도 있습니다. 제가 강조하는 것은 이것입니다. 당신의 교회는 이 원칙에 정말 충실합니까? 그리고 이 원칙에 충실하려고 노력합니까? 목회의 모든 세세한 항목에 이 원칙을 철저하게 적용하고 있습니까? 정말 안타깝게도 제가 방문한 작은 교회들은 대부분 이 원칙에 충실하지 못하거나 오히려 정반대의 길을 걷고 있었습니다. 교회의 전반적 운영이 작은 교회의 단점을 강화하고 작은 교회의 장점은 전혀 살리지 못하고 있었습니다. 그리고 교회의 목사들은 대부분 자신들이 그렇게 교회를 운영하고 있다는 사실도

모르고 있었습니다.

  작은 교회가 자신들의 장점을 살리지 못하고 단점을 부각시키는 가장 큰 이유는 큰 교회를 모범으로 삼기 때문입니다. 너무 당연한 말이지만 작은 교회가 생존하기 위해서는 큰 교회를 따라가서는 안 됩니다. 극단적으로 말해 작은 교회는 큰 교회가 하는 어떤 것도 본받지 말아야 합니다. 제가 아는 어떤 부목사는 교회를 사임하게 되어 교회 개척을 준비하게 되었습니다. 그래서 서울에 있는 교회를 탐방할 계획을 세웠는데, 그 교회의 이름은 다음과 같았습니다. 사랑의 교회, 온누리 교회, 분당 우리 교회 등. 그 목사가 왜 그런 계획을 세웠는지 독자들은 잘 알 것입니다. 이 목사의 계획이야말로 개척 교회가 성공하지 못하는 근본 이유를 보여 줍니다. 정말 개척 교회가 성공하기를 원합니까? 그렇다면 개척하여 20-30명 교회로 성장시켜 잘 운영하고 있는 교회를 탐방하십시오! 20-30명 교회를 성장시키기를 원합니까? 그렇다면 40-50명 교회를 잘 운영하는 교회를 탐방하십시오! 작은 교회에서 목회를 해 본 분들은 작은 교회를 조금이라도 성장시키는 것이 얼마나 힘든지를 뼈저리게 알 것입니다. 작은 교회 목사들이 본보기를 삼아야 할 교회는 대형 교회가 아니라 자신의 교회보다 조금 더 큰 작은 교회여야 합니다.

  오늘날 작은 교회들은 대부분 큰 교회가 하는 것을 그대로 모방하는 경우가 많습니다. 심지어 예배 형태뿐만 아니라 예배당 안의 시설도 큰 교회의 형식을 그대로 따르고 있습니다. 예를 들어 제가 방문한 작은 교회에는 대부분 예배 시간에 강단 뒤의 스크린에 목사의 화상이 뜹니다. 제 판단에 따르면 작은 교회 목회자들이 그와 같은 방식으로 교회를 운영하는 가장 큰 이유는 자신들의 교회가 큰 교회가 되기를 원하기 때문입니다. 물론 목사는 교회의 성장을 소망해야 합니다. 그것이 나쁘다고 말할 수 없습니다. 그러나 문제는 작은 교회가 큰 교회를 추구하는 순간 작은 교회는 정도正道에서 벗어나게 됩니다. 작은 교회가 큰 교회가 될 수 있는 비법이 없다면 작은 교회는 작은 교회를 추구해야 합니다. 역설적으로 작은 교회가 "좋은" 작은 교회를 추구할 때 그 교회는 오히려 더 큰 교회로 성장할 수 있습니다.

대형 교회를 방문하면 대형 교회의 좋은 점이 눈에 금방 들어오지만 작은 교회에 적용할 수 없는 것이 대부분입니다. 어떤 목사는 작은 교회에서 급속하게 큰 성장한 교회를 본보기로 삼는 경우가 많은데 이것 역시 위험합니다. 목사 개인의 역량이 너무나 차이가 있을 뿐 아니라 지역이나 상황에 크게 영향을 받기 때문에 모두에게 보편적으로 적용할 수가 없습니다. 물론 이런 교회가 대형 교회보다는 훨씬 더 참조할 만하지만 그 방법론을 적용할 때는 당연히 상황에 맞게 수정해야 합니다. 결론은 작은 교회가 따라야 할 본보기는 큰 교회가 아니라 작으면서도 자신의 정체성을 잘 유지하고 있는 건강하고 바른 교회여야 합니다. 제가 알고 있는 작지만 건강하고 바른 교회들은 대부분 일반적으로 이 정도正道에 매우 충실합니다.

"작은 교회의 장점을 살리고 단점을 줄이는 것"이 작은 교회 성장의 정도正道라는 것에는 누구나 동의할 것입니다. 그러나 문제는 얼마나 이 원칙에 확신을 하는가입니다. 정말 이 정도正道에 확신한다면 목회의 모든 계획과 방향을 철저하게 이 기준에 따라 정해야 합니다. 그렇다면 이 정도正道를 어떻게 구체적으로 적용할 것인가를 생각해 봅시다.

선택과 집중

작은 교회 목사는 모든 일을 다 자기가 준비해야 하는 형편입니다. 쉽게 말해 북 치고 장구까지 쳐야 합니다. 그런데 목사가 해야 할 일이 주일날 집중되어 있고 그 일들이 주일 예배를 중심으로 동시다발적으로 진행된다는 것이 특징입니다. 몸이 두 개 이상이 아니고서는 이런 일을 완벽하게 처리하는 것은 불가능합니다. 따라서 작은 교회 목사는 모든 일을 완벽하게 하려는 것 자체를 포기해야 합니다. 목회를 일이 년 할 것도 아닌데 모든 것을 완벽하게 하려다 보면 금방 지치고 맙니다. 그렇다고 모든 일을 대충해서도 안 됩니다. 그렇다면 어떻게 해야 할까요?

모든 일을 다 잘할 수 없다면 사안의 중요성을 구분하여 우선순위를 정해서 대처하는 것이 매우 중요합니다. 물론 목사들은 대부분 우선순위를 정해서 목회를 하지만 그 우선순위는 목사 개인의 성향에 따라 달라집니다. 그렇다면 실제로는 중요하지 않은데 목사는 중요하게 생각하고, 실제로는 매우 중요함에도 목사는 중요하지 않다고 생각할 위험이 생깁니다. 따라서 목사는 자신이 생각하는 우선순위가 실제 중요도와 일치하게끔 늘 스스로 점검할 필요가 있습니다.

다음은 목사가 해야 할 일인데 얼마나 중요한지 등급을 매겨 봅시다. 첫 번째 예는 설교 내용과, 두 번째 예는 목회 활동과 관련이 있습니다.

> 예 1) 십일조, 삼위일체, 전도, 주일 성수, 영적 임재설,
> 성도의 견인, 이신칭의, 전천년설

위의 항목을 보고 설교의 주제 중에서 가장 중요하다고 생각하는 대로 적어 봅시다. 그리고 나서 자신의 설교를 돌아보면서 실제로 무엇을 가장 많이 강조했는지 순서대로 적어 보

십시오. 아마 제대로 일치하는 경우가 거의 없을 것입니다. 이것은 무엇을 의미할까요? 자신의 생각과 현실이 따로 움직이고 있다는 증거입니다. 아마 머리로는 삼위일체가 가장 중요한 교리라고 생각하면서도 실제로는 설교할 때 십일조나 전도를 많이 강조했을 것입니다.

신학적으로 앞의 예에서 중요도는 다음과 같습니다. 삼위일체는 기독교의 핵심 교리며 예배의 핵심이기 때문에 가장 중요하고, 이신칭의는 구원론에서 그다음으로 중요합니다. 그다음으로 성도의 견인, 영적 임재설, 주일 성수, 십일조 등으로 열거할 수 있을 것입니다. 여기서 중요한 것은 우선순위를 올바로 매기는 것이 아니고 우선순위에 따라서 목회를 하고 있는가입니다. 많은 경우에 목회자들이 자신의 생각과 실천이 일치하지 않는다는 것을 쉽게 느낄 것입니다. 물론 이 둘을 완전히 일치시킬 수 없겠지만 이 둘을 최대한 가까이 하도록 노력해야 일관성 있는 목회가 가능합니다.

두 번째 예를 살펴봅시다. 첫 번째 예와는 달리 두 번째 예는 목사들이 실제로 교회에서 신경을 많이 써야 하는 항목들입니다.

> 예 2) 설교 준비, 주일학교 운영, 교회 행사, 찬양팀 구성, 성찬식, 결혼식, 장례식

두 번째 예도 마찬가지입니다. 먼저 가장 중요하다고 생각하는 것을 나열해 보십시오. 그러고 나서 지난 주간 실제로 어디에 가장 많은 시간과 관심을 쏟았는지 순서대로 나열해 보십시오. 제가 강의를 하면서 모든 목사는 설교가 가장 중요하다고 생각을 하면서도 실제에서는 우선순위에서 밀리는 경우를 많이 보았습니다. 설교가 가장 중요하다고 생각하면서도 설교에 가장 많은 힘을 쓰지는 않는 것입니다. 찬양과 성찬 중 어느 것이 더 중요할까요? 목사들은 대부분 성찬식이 중요하다고 생각하면서도 거의 신경을 쓰지 않을 것입니다. 왜일까요? 일 년에 겨우 두어 번 실시하기 때문입니다.

우선순위를 설정하는 데 실패하면 작은 교회는 살아남을 수 없습니다. 우선순위를 올바로 안다고 하면서도 그것을 제대로 실천하지 않는다면 역시 마찬가지입니다. 당연히 작은 교회 목사는 우선순위가 가장 높은 것에 집중을 해야 합니다. 사실 이것은 큰 교회도 마찬가지입니다. 그러나 큰 교회와 작은 교회의 우선순위는 일반적으로 같을 수가 없습니다. 큰 교회는 프로그램이나 집회 같은 외적 요소에 우선순위를 두지만 작은 교회는 성도들의 상태와 같은 내적 요소에 우선순위를 두어야 합니다. 본질적인 것이 아니라 주변적인 것에 신경을 쓰게 되면 목사는 쓸데없는 데 기력을 낭비하게 되고 교회는 점점 더 쇠약해지게 됩니다.

목회는 늘 결단과 선택의 연속입니다. 작은 교회에서 중요한 것은 최고나 최선의 선택을 하는 것보다 선택하는 데 실수를 줄이는 것입니다. 실수를 줄이는 가장 좋은 방법은 선택하는 데 일관성 있는 원칙을 유지하는 것입니다. 작은 교회일수록 상황에 민감하게 반응할 수밖에 없기 때문에 선택의 일관성을 유지하기가 쉽지 않습니다. 그러나 선택의 일관성을 유지하지 않으면 배가 산으로 갈 수밖에 없습니다. 물론 선택의 일관성에 대해 정해진 답은 존재하지 않습니다. 그렇다면 어떻게 선택의 원칙을 세울 수 있을까요? 이 점에서 안철수가 쓴 『안철수의 생각』(김영사)에서 제시한 조언은 참조할 만합니다. 안철수는 어떤 결정을 할 때 항상 다음 세 가지만을 생각했다고 합니다. 첫째, 이 선택이 의미 있는 일인가? 둘째, 내가 열정을 갖고 몰입할 수 있는 일인가? 셋째, 내가 잘할 수 있는 일인가?

이 글을 읽는 독자들은 어떤 원리를 갖고 목회적 결단을 해야 할까요? 작은 교회 목회자들이야말로 선택을 하는 데 일관성 있는 원리를 확고하게 세워야 하고 그 원리에 따라 선택과 결단을 해 나갈 때 목회에서 실수를 줄이면서 동시에 작지만 건강하고 바른 교회를 세워 갈 수 있습니다.

우선순위 매기기: 본질, 규범, 비본질, 지혜

우선순위를 결정하는 데 가장 중요한 것은 어떤 일을 범주별로 묶는 것입니다. 여기에서 많은 목사가 대부분 실패하고 있는데, 목사들은 대부분 교회 일을 본질과 비본질로 나누어서 생각해 버리고 맙니다. 그러나 교회 일이라는 것은 그렇게 단순하게 본질과 비본질로 나눌 수 있는 것이 아닙니다. 그리고 실제로 교회와 관련된 일 중에서 교회의 본질과 관련된 일은 그렇게 많지 않고, 이 본질적인 문제 때문에 교회가 어려움을 당하는 경우는 그렇게 많지 않습니다. 물론 우리는 교회의 본질적인 문제와 씨름을 해야 하고 기승을 부리고 있는 이단에 대해서도 결연한 자세로 영적 전투를 수행해야 합니다. 하지만 교회의 문제들은 대부분 사소한 문제에서 시작하는 경우가 너무 많기 때문에 여기에 대해서도 대비를 충분하게 하지 않으면 교회는 매우 어려워집니다.

교회의 본질적인 문제는 대부분 교리와 관련된 문제들입니다. 여기에 대해서는 각 교회들마다 분명한 답을 갖고 있기 때문에 그렇게 고민을 많이 할 필요가 없습니다. 예를 들어 교회가 동성결혼을 허용해야 하는가, 그렇지 않은가는 고민할 필요가 없는 것입니다. 성경은 분명히 동성 간의 성행위나 결혼을 금하고 있기 때문입니다. 따라서 이것은 교회의 본질적인 문제고 교회는 이것을 무엇보다도 사수하는 데 힘을 써야 합니다. 그러나 교회의 의자 수를 몇 개로 정할 것인지와 같은 문제는 순전히 비본질적 문제들입니다. 성경은 여기에 대해 명시하지 않기 때문입니다. 이것은 교회의 담당자가 알아서 결정하면 됩니다.

그러나 교회 예배 시간을 언제로 정할 것인지에 대해 살펴봅시다. 처음 생각하기에 이 문제는 성경에 명시적인 가르침이 없는 비본질적 문제로 생각하기 쉽습니다. 그러나 성경은 이 문제에 완전히 침묵하고 있을까요? 그렇지 않습니다. 4계명에 따르면 공예배는 반드시 주일날 드려야 합니다. 그렇다면 예배 시간은 교회의 본질적인 문제입니까? 그렇지는 않습니다. 왜냐하면 예배 시간은 우리 구원과 관련된 절대적 명령은 아니기 때문입니다. 그리고 여러 가지 특수한 상황들(특히 이슬람이나 유대인과 같은 선교지)이 존재하기 때문입니다. 그렇다고 이 문제를 아무렇게나 개교회에 맡길 문제도 아닙니다. 따라서 이런 문제는 본질적인 문제도 비본질적인 문제도 아니고 규범적 문제에 속하는 것입니다.

주일날에만 공예배를 드려야 하지만 예배 시간은 개교회의 편의대로 정할 수 있을까요? 아마 이 문제야말로 비본질적 문제가 아닐까요? 제 생각은 그렇지 않습니다. 예를 들어 봅시다. 오늘날 교회들이 대부분 저녁 예배를 없애고 오후 예배로 대치하고 있습니다. 그렇게 하는 주된 이유는 성도들의 편리함을 추구하기 위해서입니다. 당신은 더 많이 모일 수 있는 시간으로 예배 시간을 정하는 것이 당연하다고 생각할 것입니다. 특히 멀리서 오는 성도들의 비중이 큰 곳일수록 오후 예배의 필요성은 커집니다. 하지만 여기에 위험이 한 가지 도사리고 있습니다. 그것은 바로 교회가 저녁 예배를 포기하는 순간 지역 교회로서 갖는 의미를 함께 포기해야 하기 때문입니다.

저는 저녁 예배가 왕성한 두세 교회를 알고 있는데 모두 다 철저히 지역에 뿌리를 박은 교회였습니다. 그렇다면 예배 시간은 단순히 우리가 편한 대로 결정할 수 있는 문제가 아니라는 것을 알 수 있습니다. 이것은 구원과 관련된 본질적인 문제도, 성경에 명시적 가르침이 있는 규범적 문제도, 다수결에 따라 결정할 수 있는 비본질적 문제도 아닙니다.

그렇다면 이것을 무엇이라고 부르면 좋을까요? 적절한 명칭이 없기 때문에 저는 이것을 잠정적으로 지혜의 문제라고 부르겠습니다. 우리가 기억해야 할 것은 교회의 많은 문제가 지혜의 영역에 속해 있는데, 목사들이 대부분 이것을 비본질적 문제로 간주하여 가볍게 취급하다가 큰 어려움을 당하기도 한다는 것입니다.

따라서 목사들이 우선순위를 정하는 데 먼저 해야 할 일은 그 문제가 어떤 영역에 속하는지 정확하게 파악하는 것입니다. 먼저 성경에 명시해 놓은 가르침이 있는가를 제대로 파악해야 합니다. 성경에 있다 하더라도 그 문제가 본질적인 것인지 규범적인 것인지를 구분할 수 있어야 합니다. 성경에 명시적 가르침이 없다고 판단한다면 지혜를 사용해야 합니다. 그것이 정말 비본질적인 것일까요, 아니면 지혜에 속한 것일까요? 목사들의 가장 높은 우선순위는 교회의 본질적 문제에 관한 것이어야 합니다. 이 문제에서는 철저하게 비타협적 자세로 진리를 지켜야 합니다.

비본질적 문제는 목사가 직접 처리하기보다는 성도 중에서 잘 아는 다른 사람에게 맡길 필요가 있습니다. 규범적인 문제는 타협하지는 말아야 하지만 사랑의 인내를 갖고 설교와 가르침을 통해 성도들을 점차 설득하도록 노력해야 합니다. 지혜의 문제에서는 정말 겸손한 자세로 성도들과 상의하고, 하나님께 기도하고, 주변 목회자들의 자문을 구하면서 신중하게 결정해야 합니다.

하지만 많은 목사가 본질, 규범, 지혜, 비본질을 제대로 구분하지 못하여 지혜의 문제를 해결하는 데 심사숙고하지 못하고 비본질적인 일에 목숨을 걸거나 본질과 규범에는 대충 세상과 타협하고 있습니다. 그 결과 일의 우선순위를 제대로 정하지 못하고 자신의 제한된 능력을 효과적으로 사용하지 못하여 목회가 어렵게 됩니다. 선택과 집중 그 자체가 중요한 것은 아닙니다. 올바르게 선택하지 않고 집중할 때는 목회에 더 큰 해가 될 수 있기 때문입니다.

불필요한 것을 줄이거나 없애기

시험을 칠 때 정답을 찾는 것보다 오답을 찾는 것이 쉽듯이 선택과 집중을 제대로 하기 위해 가장 쉬운 방법 중 하나는 불필요하거나 주변적인 것을 대폭 줄이거나 없애는 것입니다. 무엇이 더 중요한지는 가려내기가 어렵지만 무엇이 필요 없는지는 더 쉽게 구별해 낼 수 있습니다. 목회자 한 사람이 모든 일을 다 하지 못한다는 사실이 명백하다면, 아쉽더라도 과감히 목회 활동 중 상당수를 포기하는 것이 지혜로운 결정입니다. 하지만 제가 방문한 교회들은 대부분 불필요하거나 주변적인 일들에 상당한 시간을 투자하고 있었습니다. 그 이유는 무엇일까요? 바로 그 일들이 다 교회의 성장을 위해 필요하다고 생각하기 때문입니다. 실제로 그 모임 자체가 필요 없는 것은 아니었습니다. 교회 일 중에서 필요 없는 것이 무엇이 있겠습니까? 그러나 바로 그 생각 때문에 작은 교회에서 적지 않은 불필요한 교회 일들이 계속 남아 있는 것입니다.

모임의 횟수를 과감히 줄이거나 없앤다

우리나라 교회는 유난히도 모임이 많습니다. 제가 중·고등학생 때는 주일날 하루 일곱 번 예배를 드렸습니다.[2] 지금 보면 어떻게 했는지 신기하기까지합니다. 그러나 그때는 그렇게 하는 것이 정말 좋았습니다. 아마 지금은 어떤 청소년들도 그렇게 하지 못할 것입니다. 예배는 좋은 것이니 옛날처럼 많이 하는 것이 좋은 것일까요? 다시 강조하지만 상황이 변했습니다. 제가 청소년기 때는 교회당보다 더 재미있는 곳이 없었습니다. 하지만 지금은 어떤가요? 청소년을 유혹하는 것들이 주변에 널려 있습니다. 예를 들면 텔레비전, 인터넷, 스마트폰, 컴퓨터 게임 등. 말이 나와서 강조하는데 이제 교회는 재미로 학생들을 끌어들이려고 해서는 안 됩니다. 아무리 교회가 재미있는 프로그램을 만든다고 하더라도 영화보다 더 재미있는 프로그램을 만들 수 있겠습니까?

우리 교회에 있는 일상적 모임들을 한번 언급해 봅시다. 주일 오전 예배, 저녁 예배(요즘에는 주로 오후 예배), 수요 기도회, 새벽 기도회, 금요 철야, 구역 모임, 성경 공부 모임, 친교 모임. 목사들은 대부분 이 모임을 다 해야 한다고 생각합니다. 여기서 우리는 "할 수 있다"와 "해야 한다"를 구분해야 합니

---

[2] 새벽 예배, 가정 예배, 주일학교 오전 예배, 대예배, 학생 예배, 주일학교 오후 예배, 저녁 예배.

다. 모든 것이 가하나 모든 것이 유익한 것은 아닙니다(고전 10:23 참고). 주일날 오전 예배는 주님께서 명하신 것이기 때문에 필수입니다. 앞에서 언급한 개념을 사용하자면 규범에 속합니다. 예배하는 이 날을 토요일로 옮기거나 금요일로 바꿀 수 없습니다. 그러나 나머지 모든 모임은 성경에 명시적으로 규정된 것이 없기 때문에 얼마든지 교회 형편이나 목사의 역량에 따라 지혜롭게 조정할 수 있습니다. 다른 교회가 하니까 관습적으로 모임을 만드는 것은 피해야 합니다.

작은 교회의 경우 모임이 대부분 모임을 위한 모임이 되어 가고 있는 것을 목도합니다. 예를 들어 새벽 기도회를 봅시다. 새벽 기도만큼 목사들에게 부담이 되는 모임도 없을 것입니다. 새벽 기도회는 우리나라 교회의 좋은 전통이고 발전시키는 것이 좋다는 것은 아무도 부인하지 못할 것입니다. 그러나 그렇기 때문에 절대적으로 무조건 해야 한다는 식으로 접근해서는 안 됩니다. 새벽 기도회는 규범에 속한 것이 아니라 지혜에 속한 문제입니다. 자신들의 교회를 점검해 봅시다. 누가 얼마나 새벽 기도회에 참석할까요? 새벽 기도회를 위해 목사는 얼마나 준비를 하고 있을까요? 대개 새벽 기도회는 관습적으로 이루어지고 있을 것입니다. 새벽 기도회는 참석하는 사람만 참석하고 숫자도 항상 고정이기 때문에 새벽 기도회를 위해 목사가 그다지 준비를 하지 않습니다. 그러니 성도들도 그렇게 기대하지 않습니다. 악순환이 이어지는 것입니다. 새벽 기도회를 관습화할 때 바리새인적 열심당원들이 생깁니다. 계속 새벽 기도회에 참석하는 사람들은 시간이 지날수록 새벽 기도회에 참석하지 않는 이들을 향해 불평하게 됩니다(나는 이렇게 고생하면서 새벽 기도회에 오는데 저 집사는 왜 안 나오지?). 그리고 마침내 이런 불평은 곧 목사에게로 이어집니다(목사님은 왜 저 집사에게 아무 말도 안 하시는 겁니까?).

새벽 기도회뿐만 아니라 교회의 모든 모임도 의미 있는 모임이 되지 않을 때 앞에서 말한 과정을 거치게 됩니다. 목사는 엄청나게 교회를 위해 수고를 하고 있는데도 성도들에게서 원망하고 불평하는 소리를 듣게 되는 것입니다. 일단 원망과 불평이 시작되면 이것들을 처리하는 데 노력과 시간을 몇 배나 소비하게 됩니다. 불평을 들었다고 해서 사십 일 특별 새벽 기도 기간을 선포하면서 교인들을 독려하는 것도 현명하지 못한 방법입니다. 새벽 기도가 좋다는 것을 모르는 사람은 없습니다. 각자 개인의 형편과 신앙 상태가 다른 것을 목사는 인정해야 합니다. 차라리 일주일에 한 번 혹은 한 달에 한 번씩 특별 새벽 기도회를 정해서 조금이라도 많은 성도가 참여할 수 있는 기회를 주는 것이 좋을 수 있습니다. 작은 교회에서 중요한 것은 모임을 했다는 그 자체가 아니라 모임을 얼마나 내실 있게 했는가입니다. 어떤 교회는 명절이나 여름 기간에는 새벽 기도회를 휴식하기도 하는데(물론 목사가 기도 생활을 소홀히 해서는 안 될 것입니다), 새벽 기도회가 율법주의화되는 것을 막는 역할을 하기도 합니다.[3]

불필요한 행정을 줄이거나 없애기

목회를 하다 보면 시간이 갈수록 교회 일이 많아집니다. 은근히 교회에서 하는 잡무도 늘어납니다. 그러다 보면 불필요한 일들도 덩달아 발생합니다. 이런 일은 교회에 모임이 많으면 많을수록 더 늘어갈 수밖에 없습니다. 그렇게 되면 목사들은 중요한 일보다는 주변적인 일에 신경을 더 많이 쓰게 됩니다. 따라서 목사는 정기적으로 자신이 하고 있는 일에 대한 성격을 점검해야 합니다.

별로 중요하지 않거나 중요도에 비해 행정력을 많이 낭비하는 것 중 몇 가지를 살펴봅시다. 주보를 한번 생각해 봅시다. 교회 일 중 주보만큼 행정력을 많이 쏟아야 하는 것도 별로 없을 것입니다. 작은 교회에서는 목사가 직접 주보를 작성하거나 적어도 주보 작성하는 데 책임자 역할을 합니다. 여기서 정도正道의 기준에서 살펴봅시다. 작은 교회는 아무리 잘 만들어도 큰 교회의 주보만큼 좋은 주보를 만들 수 없습니다. 따라

---

[3] 저는 이 글에서 새벽 기도회 자체를 반대하거나 부정하는 것이 아니라는 것을 분명히 해 두어 오해를 방지하고자 합니다.

서 주보는 작은 교회의 장점이 될 수 없습니다. 그렇다면 목사가 주보 작성에 특별한 달란트가 없는 한 주보는 최대한 간단하게 만들어야 합니다.

주보 작성을 하는 데 오자는 당연히 나타날 수밖에 없습니다. 아무리 신경을 쓴다 하더라도 인쇄물에서 오자는 피할 수 없다는 것을 목사들은 경험을 통해 잘 알 것입니다. 따라서 주보에 들어가는 양이 많으면 많을수록 오자는 많이 생길 수밖에 없습니다. 그런데 성도들은 일반적으로 자기와 관련된 것이나 관심사만 신경을 쓰는 경향이 있습니다.

만약 자신의 이름에 오자가 있다는 것을 발견하게 되면 그 성도는 자기 목사가 자기 이름에 별로 신경 쓰지 않는 불성실한 목사라는 인식을 가지기가 쉽습니다. 사실 그 목사는 주보 작성을 위해 정말 신경을 최대한 썼음에도 성도들에게 좋지 않은 인상을 주는 것입니다. 성도들은 목사가 만든 주보에 오자가 없다고 해서 목사를 칭찬하지 않습니다. 주보를 만드는 일이 얼마나 신경이 쓰이고 힘든 일이라는 것을 실제로 해 보지 않고서는 잘 모릅니다. 따라서 가장 지혜로운 방법은 주보를 최대한 간단하게 만드는 것이고 내용도 최대한 줄이는 것입니다. 굳이 네 면으로 할 필요도 없고 주보 용지를 따로 구입할 필요도 없습니다. 색깔 있는 에이포A4 용지를 반 잘라서 앞에는 예배 순서, 뒤에는 간단한 광고를 넣을 수도 있습니다

(제가 목회하는 교회에서는 중학교 다니는 아들과 딸이 교대로 주보를 작성하고 있습니다).

헌금 종류도 과감하게 줄여야 합니다. 헌금 종류가 많아지면 헌금이 좀 더 많이 걷힐 수 있을지 모르나 불필요한 행정력을 양산합니다. 헌금은 십일조와 주일 헌금 혹은 감사 헌금으로도 충분할 수 있습니다. 주보에 헌금 명단을 올리는 것도 행정이라는 측면에서 살펴보아야 합니다.

앞에서도 언급했지만 헌금 명단에서 어떤 사람의 이름이 한 번이라도 빠지거나 잘못되는 순간 교회는 재정 관리에서 신뢰성을 상실할 수밖에 없습니다. 그런 것을 나중에 통계화하는 것도 보통 일이 아닙니다. 따라서 헌금과 관련된 일은 작으면 작을수록 좋습니다.

차량 운행도 마찬가지입니다. 정도正道라는 관점에서 봅시다. 작은 교회는 큰 교회에 비해 차량 운행하는 데 절대적으로 열세입니다. 따라서 차량은 할 수 있는 대로 운행하지 않는 방향으로 목회를 해야 합니다. 한 사람이 멀리서 온다고 해서 편의를 제공하기 위해 차를 운행하기 시작하면 이를 위해 엄청난 행정력을 쏟아야 합니다. 차량 운행을 정확하게 제대로 운행하기 위해 얼마나 많은 신경을 써야 하는지는 해 본 사람은 잘 알 것입니다. 그 정력만큼 더 의미 있고 효과 있는 일에 시간과 재정을 투자하는 것이 작은 교회가 걸어야 할 정도正道입니다. 어떤 새신자가 수요일 모임에 참석했는데 예배 후 목사는 차량 운행을 바로 가야 한다면 새신자가 어떻게 그 교회에 정착하겠습니까? 아마 그 교회 목사는 봉고 차량을 타야만 하는 기존 신자들만 계속 붙들고 목회할 수밖에 없을 것입니다. 이 점에서 목사는 이런 문제들에서 근본적으로 과감하게 결단을 해야 합니다.

작은 교회에서 하지 말아야 할 대표적인 행정은 출석 교인 숫자를 세는 것입니다. 숫자 세는 것 자체는 큰 일이 아니지만 그로 말미암아 파생하는 일들이 행정력을 많이 소비하게 됩니다. 주보에 실린 참석 숫자를 보고 어떤 성도나 집사가 "지난 주에는 숫자가 좀 줄었네요." 하고 목사에게 말하면 그것이 뜻하는 바가 무엇일까요? 목사들은 대부분 그런 말에 심리적 불편함을 느끼지 않을 수 없을 것입니다. 작은 교회는 출석 인원을 확인할 필요가 없습니다. 작은 교회는 그런 행정을 하지 않도록 교회를 조직할 필요가 없습니다. 예를 들어 교회 회원을 받아들일 때 철저히 가려서 받는다면 출석 숫자를 셀 필요가 없습니다. 왜냐하면 출석 숫자보다 교회의 정회원 명부의 숫자가 더 중요하기 때문입니다.

마지막으로 예배와 관련하여 한 가지 지적할 것이 있습니다. 작은 교회는 대부분 대형 교회를 따라 예배 시작 전에 준비 찬송을 하고 있을 것입니다. 전도사가 없는 경우에는 목사가 직접 할 수밖에 없습니다. 하지만 예배 시작 전 작은 교회 목사는 해야 할 일이 많이 있습니다. 청소도 해야 하고, 마이크 확인도 해야 하고, 정리 정돈도 해야 하고, 전화할 일이 있으면 전화도 해야 합니다. 그런 일을 정신없이 한 후에 예배당에 들어와서 아무 준비도 없이 마이크를 잡습니다. 본인이 준비가 안 되어 있으니 회중을 향해 "오늘 준비 찬송 무엇을 할까요?" 하고 묻습니다. 그 순간 성도들은 목사님이 예배를 성실히 준비하지 않았다고 생각할 것입니다. 목사는 예배를 위해 정리 정돈부터 시작해서 준비를 많이 했습니다. 그러나 그것은 성도들 눈에 보이지 않으며 알 수도 없습니다. 다시 정도正道의 관점에서 봅시다. 대형 교회의 경우 겨우 5-10분간의 준비 찬송을 하기 위해 그 전날 찬양단이 모여서 연습을 열심히 합니다. 이 점에서 작은 교회는 큰 교회와 게임이 되지 않습니다. 큰 교회보다 준비 찬송을 철저히 준비할 수 없다면 가장 좋은 방법은 준비 찬송을 하지 않는 것입니다. 준비 찬송이라는 말 자체가 그렇게 좋은 것이 아닙니다. 꼭 해야 한다면 차라리 예배 시간에 부를 찬송을 미리 부르는 것이 좋습니다. 이것은 특별히 새신자가 교회에 방문했을 때 좀 더 편안하고 익숙하게 예배를 드릴 수 있게 하는 데 큰 도움을 줄 수 있습니다.

이 외에도 여러 가지가 있겠지만 중요한 것은 교회 행정을 최소한 단순하게 하는 방향으로 이끌어 가야 한다는 사실입니다. 이렇게 교회를 운영할 때 비로소 목사가 가진 제한된 역량을 목회에 꼭 필요한 부분에 집중할 수 있고 그럴 때 교회는 힘을 얻어 성장할 수 있는 동력을 얻게 될 것입니다.

지금 당신이 속한 교회를 돌아보십시오. 아마 모든 것이 필요하다고 생각할 것입니다. 솔직히 필요하지 않은데 교회에 존재하는 것이란 거의 없습니다. 그러면 정말로 필요한지를 다시 생각해 보십시오. 그리고 무엇이 더 중요한지를 생각하고 자신의 능력을 성찰해 보십시오. 그러면 교회의 많은 일이 새로 보일 것입니다. 불필요한 것이 보입니까? 너무 많은 힘을 쏟는 곳이 있습니까? 그렇다면 그것부터 정리하는 것이 작은 교회 살리기의 출발점이 될 것입니다. 하지만 많은 사람이 기존에 있는 것을 없애지 못합니다. 교회는 뭔가를 많이 해야 한다고 생각하는 경향이 있습니다. 이것도 정도正道의 관점에서 봅시다. 작은 교회는 아무리 좋은 행사를 한다 하더라도 주위에 있는 큰 교회보다 좋은 행사를 하기가 쉽지 않습니다. 따라서 작은 교회는 절대 행사 중심의 교회로 가서는 안 되며, 한다 하더라도 행정력이 많은 드는 행사는 피해야 합니다.

무엇을 어떻게 선택하고 집중할 것인가

이제까지 주로 부정적인 면을 중심으로 이야기했습니다. 주로 "하지 말라" 또는 "줄이라"는 이야기였습니다. 이것은 그 자체가 의미가 있는 것이 아닙니다. "하지 말라"와 "줄이라"는 무엇을 하기 위한 수단일 뿐입니다. 작은 교회라고 해서 무조건 줄이거나 없앨 수는 없을 것입니다. 그렇다면 작은 교회는 무엇을 선택하고 어디에 집중을 해야 할까요?

소그룹 모임을 위한 교재 선택의 중요성

큰 교회와 비교해 보았을 때 작은 교회는 교육적 측면에서 비교가 되지 않습니다. 교사도 없고 시설도 열악하고 환경도 좋지 않습니다. 그나마 작은 교회가 큰 교회에 비해 약간 우위를 가질 수 있는 것은 교재라고 할 수 있습니다. 따라서 작은 교회 목사는 교재 선택에 신중해야 하고, 자기 교회에 가장 적합한 교육 교재를 찾기 위해 시간을 많이 들여야 합니다. 이를 위해 평소에 여기에 대한 관심을 갖고 체계적이고 장기적 계획을 세워야 합니다. 그냥 그때그때 목회자 자신이 좋아하는 것을 임의로 선정하다 보면 신앙 교육을 제대로 할 수 없습니다.

작은 교회의 가장 큰 약점 중 하나는 훈련받은 평신도들이 적다는 것입니다. 따라서 목사가 제대로 성경 공부를 준비할 수 없는 경우 또는 신앙생활이 성숙하지 못한 평신도들이 성경 공부를 인도해야 하는 경우 교재 선택에 더 신중해야 합니다. 요즘에는 책이 짧고 문답식 형식으로 된 교재를 많이 사용하는데, 이런 교재는 아주 뛰어난 인도자가 있는 모임을 전제로 제작한 경우가 많습니다. 따라서 훈련받은 인도자가 없이 그 같은 교재를 사용하게 될 때 소그룹 모임은 무질서한 대화만 오고갈 뿐 특별히 뭔가 남는 것이 없이 끝나기 쉽습니다. 당연히 작은 교회에서 소그룹 교재는 훈련받은 인도자가 없어도 읽기만 해도 쉽게 이해가 되고 읽고 나서 뭔가 남는 교훈과 통찰력을 제공하는 책이어야 합니다. 한 장이 10쪽 내외로 알찬 내용으로 구성되어 있어서 정해진 시간 내에 돌아가면서 읽어 내려가는 것이 좋습니다. 이런 식으로 성경 공부를 인도한다면 누구나 성경 공부나 독서 모임을 쉽게 인도할 수 있습니다.[4] 그런데 문제는 그런 교재를 시중에서 찾기가 참으로 쉽지 않다는 것입니다. 따라서 목사들은 이 같은 교재를 찾기 위해 시간을 많이 쏟아야 합니다.

목사가 직접 성경 공부를 인도하시지 않는 경우에 목사는 교

---

[4] 물론 이와 같은 모임을 인도하는 데 최소한 지식이나 훈련은 있어야 합니다. 소그룹 모임 중 독서 모임에 대한 가장 좋은 안내서로는 한재술, 『독서 모임 "대답은 있다" 이야기』(경기도: 그 책의 사람들, 2011)를 추천합니다.

재만 선택해 주고 성경 공부에 대해 관심을 놓치는 경우가 적지 않습니다. 성경 공부 교재 선택에서 가장 기본적인 것은 목회자 자신이 그 교재에 대해 충분히 알고 있어야 한다는 사실입니다. 만약 그 교재에 대해 잘 알지 못한다면 성경 공부 혹은 독서 모임 인도자가 질문을 했을 때 전혀 도움을 줄 수 없을 것이고 목사는 무책임하게 보일 것입니다. 이것을 방지하기 위해 목사가 성경 공부에서 다루는 주제 중 하나를 선택하여 깊이 있게 설교를 하는 것도 좋은 방법입니다. 성도들은 성경 공부에서 이미 다룬 내용을 설교를 통해 새롭게 상기할 수 있고, 목사들도 성도들이 기본적으로 알고 있는 내용을 설교해야 하기 때문에 더 깊이 있는 설교를 준비할 수 있습니다.

목사가 가진 재능과 은사를 중심으로 교회 모임을 구성한다

모든 목사는 자신이 잘하는 것이 있습니다. 이것을 재능 혹은 은사라고 합니다. 만약 목사가 자신의 은사를 모른다면 목회 자체를 시작하지 말아야 합니다. 당연히 목사는 이 재능을 목회를 위해 최대한 사용해야 할 것입니다. 그러나 그렇다고 해서 목사가 무조건 자신의 재능을 목회에 적용해서는 안 됩니다. 왜냐하면 교회마다 특성이 있기 때문입니다. 그렇다면 교회의 모임은 목사가 잘하는 것이면서 성도들이 좋아하는 것을 중심으로 구성해야 합니다. 예를 들면 주일 공예배는 주님께서 명하신 것이기 때문에 바꿀 수 없으나, 그 외는 철저하게 그 교회와 목사의 형편에 따라 결정해야 합니다.

하나를 하더라도 제대로 해야 한다

일단 어떤 모임을 하기로 정했으면 철저히 준비를 하고 시작해야 하고 그렇지 않으면 아예 모임을 시작하지 않는 것이 낫습니다. 이것은 교회의 모든 행사에 다 적용해야 합니다. 작은 교회일수록 즉흥적으로 모임을 만드는 경우가 많고 그 결과 모임이 흐지부지 없어지는 경우가 많습니다. 문제는 작은 교회일수록 이것이 성도들에게 미치는 영향력이 크다는 것입니다. 많은 성도가 깊은 좌절감에 빠질 수 있습니다. 따라서 작은 교회일수록 모임을 신중하게 결정하고 시작해야 합니다. 그리고 이 모임을 성공적으로 이끌기 위해서는 준비를 철저하게 해야 합니다. 의외로 작은 교회일수록 모임을 위한 준비를 하지 않는 경우가 많은데 준비가 없는 모임은 실패할 수밖에 없습니다. 일단 하나를 제대로 하고 나서 여력이 있으면 다른 모임을 구상해야지 여러 가지 일을 동시다발적으로 벌이지 않도록 해야 합니다.

이 점에서 제가 경험한 실패담을 두 개 정도 이야기하고자 합니다. 요즘 학교마다 영어에 관심이 많으니 교회에서도 학생들을 위한 영어 공부 모임을 만들면 좋겠다고 생각을 했습니다. 저도 미국에서 왔으니 영어만큼은 자신이 있었습니다. 토요일만 수업을 하니 시간도 별로 많이 들이는 것도 아니었습니다. 학비도 한 달에 만 원만 정했습니다. 적어도 열 명은 올 줄로 예상했지만 결과는 너무 참담했습니다. 겨우 두 명만 연락이 왔을 뿐입니다. 홍보도 제대로 하지 않았을 뿐 아니라 지역 자체가 공부에 그렇게 관심 있는 지역도 아니었고 시간대도 학생들에게 전혀 맞지 않았습니다. 두 명이다 보니 수업이 제대로 될 리가 없었고 몇 주 하다가 결국 막을 내리고 말았습니다.

실패했던 또 다른 예를 하나 소개하겠습니다. 젊은 대학생들을 전도하기 위해 아주 유명한 강사를 모셨습니다. 이름만 들으면 다 아는 그런 강사였습니다. 주위 여러 대학에 포스터도 여러 곳에 붙였습니다. 하지만 단 한 명도 그 포스터를 보고 교회에 온 학생은 없었습니다. 저는 변화된 환경을 전혀 읽지 못하고 있었던 것입니다. 나중에 대학 선교 단체 간사를 통해 안 것이었지만 그 강사는 1980년대 중반에 유명한 분이었을 뿐입니다. 문제는 오늘날 대학생들이 이전과 달리 종교 문제에 전혀 관심이 없다는 것이었습니다. 그 같은 변화를 전혀 읽지 못하고 저는 이십 년 전과 동일한 전도 방식을 사용하고 있었던 것입니다. 실패를 통해 철저한 준비 없는 목회 활동이 얼마나 무익한지를 확실히 체득했지만 그 후유증은 상당히 오래갔습니다. 이런 경험을 몇 번 더 하게 되면 목회에 대한 자신감을 쉽게 상실했을 것입니다.

모임은 반드시 무엇인가를 배웠다는 인상을 주어야 한다

대형 교회에 가는 가장 큰 이유 중 하나는 뭔가를 배울 수 있다는 인상을 주기 때문입니다. 이것은 특별히 젊은이들인 경우 그러합니다. 실제로 대형 교회가 신자들에게 배움의 기회를 많이 제공하는가 혹은 그렇지 않은가는 중요하지 않습니다. 중요한 것은 사람들이 그렇게 생각하고 있다는 사실입니다. 반대로 젊은이들은 작은 교회는 뭔가 배울 수 있는 곳이 아니라 자신이 봉사를 해야 하는 곳으로 생각합니다. 역시 이것이 사실인지 아닌지는 중요하지 않습니다. 오늘날 청년들이 그렇게 생각하고 있다는 것이 중요합니다. 제가 만난 젊은이들 중 대부분이 큰 교회에 출석하는 가장 큰 이유가 바로 큰 교회에서 뭔가 배우기를 원했기 때문입니다. 교회를 잘 나가다가도 어느 날 갑자기 큰 교회로 옮기겠다는 경우가 적지 않습니다. 의외로 작은 교회 목사가 성도를 모를 수 있다는 점을 인정해야 합니다. 이 같은 충격적인 일을 한두 번 당하면 작은 교회 목사는 성도들에게 큰 상처를 받게 되고, 이전과 같이 열성적으로 성도들을 사랑하면서 목회를 할 수 없게 됩니다. 당연히 목회는 이전보다 좋을 수가 없습니다.

무엇인가를 배우고 싶은 청년들을 나무랄 수는 없습니다. 어떻게 보면 목사는 성도들이 배우는 것을 장려해야 합니다. 작은 교회의 경우 순전히 친교 모임으로만 구성되는 경우가 많은데, 교회 모임이 친교 성격만 계속 있으면 그런 모임은 오래갈 수 없습니다. 적어도 목사는 그 모임을 위해 최소한 뭔가를 준비해 와서 성도들에게 영적 유익을 나누어 주어야 합니다(가장 좋은 방법 중 하나는 경건 서적 중 한 권을 읽어서 자신이 충분히 소화하여 좋은 내용을 나누는 것입니다).

따라서 작은 교회 목사일수록 뭔가 배울 점이 있어야 합니다. 그것이 지식이든, 사랑이든, 열정이든, 삶이든 상관이 없습니다. 특히 오늘날에는 대학을 졸업한 사람들이 대부분이기 때문에 지적 욕구가 그 어느 때보다 강합니다.

그렇다면 작은 교회 목사가 해야 할 가장 중요한 일은 자기 성장입니다. 아무리 교인이 늘면 무엇합니까? 그 교회 성도들이 뭔가 배울 것이 없다고 생각하는 순간 그 성도들은 뭔가 배울 것이 많다고 생각하는 큰 교회로 떠날 것입니다. 이것을 방지하기 위해 목사는 부지런히 스스로 배워야 합니다. 목사가 배워야 할 것은 전도법, 부흥하는 법과 같은 피상적인 것들이 아니라 정말 깊은 경건과 말씀의 깨달음과 같은 것들입니다. 이것은 절대 단시간에 이루어질 것이 아니고 평생을 걸쳐서 꾸준히 자기 계발을 통해 이루어집니다. 간단히 말하면 작은 교회 살아남기의 핵심은 목사의 성장입니다. 교인 수의 크기가 아닙니다!

의미 있는 봉사를 시켜야 한다

작은 교회 교인들은 일반적으로 헌신을 많이 해야 한다는 부담감이 있습니다. 목사들이 종종 "요즘 성도들은 헌신하기를 싫어해!"라는 말을 많이 하는데 대형 교회 성도들은 그렇지 않은 경우가 많습니다. 대형 교회일수록 교회 일에 엄청난 헌신을 하는 신자들이 많습니다. 실제로 그런 성도들이 없다면 대형 교회를 제대로 운영할 수 없습니다. 대형 교회가 뜨내기 신자로 가득 차 있다는 것은 대형 교회를 제대로 알지 못하는 것입니다. 오히려 대형 교회의 신자일수록 자신이 다니는 교회에 대한 자부심과 소속감을 강하게 갖는 경우가 많습니다. 그리고 그런 자부심이 대형 교회를 지탱하는 원동력이기도 합니다.

작은 교회 성도들이 헌신을 부담으로 느끼는 것은 그 일에 가치를 두지 않기 때문입니다. 자기가 하고 있는 일이 의미가 있다고 생각하면 일마든지 헌신을 하게 됩니다. 결국 목사가 할 일은 성도들에게 적절하게 헌신할 만한 일을 맡기는 것입니다. 특별히 작은 교회일수록 일을 능숙하게 못하더라도 적절히 분배하는 것이 필수입니다. 피아노 반주자를 예로 들어 봅시다. 반주자는 교회에서 주목받는 위치에 있고 따라서 선망의 대상이 되기도 합니다. 그런데 찬송가 반주는 피아노를 잘 친다고 해서 잘할 수 있는 것이 아닙니다. 의외로 4부로 된 찬송을 연주하는 것이 어렵습니다. 더 나아가 찬송가 반주는 상당한 경험이 필요합니다. 그 곡의 분위기를 잘 알지 못하면 좋은 반주가 나올 수 없습니다. 따라서 작은 교회일수록 평소에 반주자를 여러 명 키워야 하고 한 사람에게만 맡겨서는 안 됩니다. 그렇게 되면 그 사람이 교회를 떠나는 일이 생기면 큰 어려움을 당하게 됩니다. 하루아침에 반주자를 구할 수 없기 때문입니다. 반주를 잘 못하면 못하는 대로 수준에 맞는 곡을 미리 연습하게 해서 치도록 하는 것이 교회의 미래를 위해 중요합니다. 요점은, 목사들은 성도들의 재능을 잘 살펴서 적절한 위치에 임명하여 교회에 유익이 되게끔 하는 것입니다.

교회 일 중에서 중요하지 않고 의미 있지 않은 일이 어디에 있겠습니까? 모든 일이 다 중요합니다. 하다못해 휴지 하나 줍는 것도 중요합니다. 그러나 성도들은 그렇게 생각하지 않습니다. 사람들이 보기에 좋아 보이고 인정받는 일은 의미 있다고 생각하지만 교회 청소하는 일은 중요하게 생각하지 않습니다. 아무리 설교 시간에 청소가 중요하다고 강조해도 실제로 그렇게 생각하지 않습니다. 우선 목사 자신이 그런 생각을 갖고 있습니다. 책임 있는 목사의 자리에 있으니까 청소를 중요하게 생각하지 만약 그 목사가 평신도였다면 그렇게 생각할 수가 없었을 것입니다. 누가 보아도 청소가 의미 있는 봉사가 되기는 쉽지 않습니다. 그러니까 큰 교회는 관리 집사를 두어서 시키고 작은 교회는 목사가 직접하거나 아니면 교인 중에서 하는 사람만 그 일을 합니다. 그렇다면 어떻게 해야 할까요? 가장 좋은 방법은 그 같은 일은 교인들이 날을 정해 다 같이 하는 것입니다. 평소에는 한두 사람이 일상적 청소를 한다 하더라도 주기적으로 모든 사람이 함께 청소를 한다면 청소도 의미 있는 봉사가 될 수 있습니다.

청소가 하찮아 보여도 청소가 주는 의미가 적지 않습니다. 제가 유학을 하면서 재정이 어려운 때가 있었습니다. 바로 아이엠에프IMF로 우리나라가 고통을 당하던 시절이었습니다. 돈을 마련하기 위해 학교 도서관에서 화장실 청소를 하게 되었습니다. 이전에는 제가 출입하던 건물이 참으로 아름답고 멋있었지만 그 학교가 내 학교라는 느낌이 들지 않았습니다. 그러나 청소를 하면서 생각이 완전히 달라졌습니다. 청소를 시작한 지 한 달이 지나자 그 학교는 누가 보아도 내 학교였습니다. 이것은 교회도 마찬가지라고 생각합니다. 교인들은 교회당을 함께 청소하고 가꾸고 정리하면서 교회에 대한 소속감을 조금씩 갖게 됩니다. 소속감은 작은 교회가 생존하는 데 절대 중요한 요소 중 하나입니다.

간세대 문화의 정착

제가 생각하기에 작은 교회의 가장 큰 단점은 또래 집단이 적다는 것입니다. 이것은 나이를 중요시하는 우리나라 교회에서 결코 목회자가 무시할 수 없는 부분입니다. 이 점에서 작은 교회는 도저히 큰 교회를 따라갈 수 없습니다. 큰 교회는 또래 집단 모임은 너무 많을 정도이고 더 나아가 다양한 동질 소그룹 모임도 상당히 많습니다. 이런 소그룹 모임이야말로 대형 교회의 가장 막강한 자산입니다. 이런 소그룹 모임을 통해 큰 교회 성도들은 작은 교회보다도 오히려 더 강한 소속감을 가지기도 합니다.

동질 집단이라는 관점에서 보았을 때 이천 명이 넘는 교회도 작은 교회의 한계를 벗어날 수 없습니다. 예를 들어 이 정도 교회라 할지라도 30대 독신 모임, 40대 독신 모임을 만들 수 없습니다. 우리나라 교회 현실 속에서 보았을 때 이들이 교회 생활을 편안하게 할 수 있는 방법이 거의 없습니다. 하지만 수만 명이 넘는 교회는 이들을 위한 별도 모임이 형성되어 있어서 자신과 동일한 처지에 있는 사람들이 즐겁게 소통하면서 교회 생활을 할 수 있습니다. 이런 이유들 때문에 아무리 신앙이 좋아 보이는 교인이라 하더라도 어느 날 갑자기 교회를 떠나게 되는 것입니다. 오늘날 초대형 교회가 작은 교회 교인들을 빨아들이는 힘은 생각보다 엄청납니다.

또래 집단은 무엇보다도 어린 자녀들에게 영향을 미칩니다. 주일 학교가 잘 운영되기 위해 가장 중요한 요소는 친구 즉 또래 집단입니다. 하지만 작은 교회는 성도 수가 적다 보니 자녀들이 좋은 또래 집단을 형성할 수가 없습니다. 어린 자녀들이 교회에서 재미를 느끼지 못하고 불평만 하면 아무리 신앙 좋은 부모라 할지라도 고민을 하게 됩니다. 조금만 눈을 돌리면 근사한 프로그램을 제공하는 교회가 금방 눈에 들어오는데 어떻게 부모가 되어서 고민하지 않을 수 있겠습니까? 그렇다고 프로그램으로 큰 교회와 승부를 하겠다고 하는 것은 달걀로 바위를 치는 것입니다.

결국 작은 교회는 세대 간에 있는 벽을 허물어서 여러 세대가 함께 잘 공존할 수 있는 문화를 만들어 내야 합니다. 이를 위해서는 교회 분위기가 자유로워야 하고 권위적 요소들을 제거해야 합니다. 교회 안에서 부모와 자녀가 함께하는 프로그램을 만들어 내야 합니다(생일 축하 다 같이 하기, 설거지를 부모와 자녀가 함께하기, 온 교인이 함께 찬송 부르기, 온 교인이 함께 성경 암송하기 등). 특히 젊은이들이 교회 안에서 회원으로서 동등한 가치를 인정받을 수 있는 분위기를 만들고, 젊은이들에게 책임 있는 일을 감당하게 해야 합니다.

간세대 문화를 가장 확실하게 정착할 수 있는 방법은 어린이들과 어른들이 함께 예배를 드리는 것입니다. 작은 교회일수록 예배당이 썰렁한 경우가 많습니다. 그 자리에 어린이들이 함께 앉아 있다면 일단 보기에도 좋아 보입니다. 찬송 시간에 어린이들이 함께 노래를 부르면 뭔가 표현하기 힘든 감동도 있습니다. 제가 시무하는 광교장로교회는 처음부터 어린이들과 함께 예배를 드립니다. 이렇게 함으로써 어린이들은 부모에게서 신앙을 자연스럽게 배웁니다. 어떻게 보면 자녀들에게 이보다 더 좋은 신앙 교육은 없다고 보아야 합니다. 그리고 이런 예배는 대형 교회는 결코 시행할 수 없습니다. 따라서 부모와 자녀가 함께 드리는 예배야말로 작은 교회만이 가질 수 있는 가장 큰 장점 중 하나고 당연히 작은 교회는 이 장점을 살려야 합니다.

어린이와 함께하는 예배라는 말이 나왔으니 한 가지 기억해야 할 점이 있습니다. 제가 방문한 어떤 작은 교회도 어린이와 함께 예배를 드리고 있었습니다. 그러나 제가 보기에 그 예배는 함께 드리는 예배가 아니었습니다. 물론 예배당에 어린이와 어른이 함께 있었지만 어린이들은 따로 앉아 있었습니다. 예배 시간 중에 서로 이야기하고 떠들거나 심지어 기도 시간에는 핸드폰으로 게임을 하고 있었습니다. 진정으로 어린이들과 함께 경건하게 예배를 드리기 위해서는 부모들이 자녀들을 옆에 두고 돌보도록 해야 합니다. 제가 출석한 미국 교회는 두 부모 사이에 그리고 양 옆에 자녀들을 앉게 함으로 자녀들이 예배 시간에 서로 이야기하는 것을 원천적으로 차단하고 있었습니다. 아주 작은 습관이지만 오랜 경험에서 정착된 지혜로운 전통이라는 것을 알 수 있습니다.

대형 교회에 다니다가 이런 교회를 다니기로 마음먹은 어떤 부모를 알고 있습니다. 대형 교회에서는 주일날에도 자녀들을 보기가 쉽지 않습니다. 평일에도 자녀들과 얼굴을 보기가 쉽지 않은 것이 우리나라 사회인데, 주일날에도 본인들은 교회 봉사한다고 바쁘고 자녀들은 자녀들 프로그램 때문에 바빠서 차 안에 있는 시간 외에는 자녀들과 편안하게 이야기할 시간도 없게 되었습니다. 작은 교회는 자녀들과 함께하는 예배를 잘 정착시켜서 이런 장점들을 중점적으로 강조하고 홍보할 필요가 있습니다. 물론 많은 부모가 다 그렇게 생각하는 것은 아닙니다. 오늘날 우리나라 부모들은 자녀들의 신앙생활에 대부분 관심이 없기 때문에(좋은 학교에 자녀들을 보내려는 열정의 십 분의 일이라도 있으면 얼마나 좋겠습니까?) 교회에 가서도 자신들의 교회 활동에 신경을 쓸 뿐입니다. 그러나 그럼에도 자녀들의 신앙생활을 염려하는 경건한 부모들에게 가장 큰 관심사는 자녀들의 예배생활입니다.

여름 성경 학교를 생각해 봅시다. 요즘 작은 교회들은 여름 성경 학교 자체가 불가능할 것입니다. 다른 교회가 하니까 몇 명이라도 모아서 해야 한다는 생각은 그야말로 무책임한 생각입니다. 다른 교회가 한다고 해서 꼭 할 필요가 어디에 있습니까? 만약 꼭 해야 한다고 해도 다른 교회가 하던 방식대로 할 필요가 무엇입니까? 여기에 대한 대안을 마련하기 위해서는 발상의 대전환이 필요합니다. 가장 좋은 방법은 여름 성경 학교의 대상을 확대하는 것입니다. 여름 성경 학교라고 해서 꼭 어린이들만 참석하라는 법은 없습니다. 여름 성경 학교에 부모들이 참석하면 일단 사람들이 더 많이 참석하기 때문에 분위기가 살아날 뿐만 아니라 훨씬 더 재미있고 다양한 프로그램을 만들 수 있습니다.

간세대 문화를 교회 안에서 활성화하는 것은 그렇게 쉬운 과제가 아닙니다. 제가 보기에 간세대 문화를 위해 목사가 해야 할 가장 중요한 과제는 젊은 세대와 나누는 소통입니다. 소통은 기본적으로 쌍방 교류입니다. 이 교류가 일방적으로 이루어지게 될 때 제대로 된 소통이 이루어질 수 없습니다. 하지만 상당수의 목사들은 이 점에서 실패합니다. 가장 큰 이유는 젊은이들을 동등하게 대우하는 것이 아니라 뭔가 가르쳐야 할 대상으로 보기 때문입니다. 대표적 예를 들어 봅시다. 보수적인 목사들 가운데 무의식적으로 좌파니 우파니 하는 말을 서슴없이 내뱉습니다. 오늘날 젊은이들은 이런 사고방식의 소유자를 "꼴통"으로 간주합니다. 여기서 중요한 것은 사실 여부가 아닙니다. 중요한 것은 젊은이들이 그렇게 생각한다는 것입니다. 그렇다면 목사들은 젊은이들이 교회를 떠나도 좋다는 각오로 자신의 신념을 교회를 통해 실현시켜서 그런 젊은이들과만 호흡을 같이하든지, 아니면 젊은이들과 소통하면서 자신의 사고방식을 포기하면서라도 젊은이들의 마음을 얻으려고 노력해야 할 것입니다. 목사들이 권위의식을 조금이라도 갖고 있다면 결코 이 과제를 성취할 수 없습니다.

유연성: 모임 시간이나 장소는 얼마든지 바꿀 수 있다

작은 교회가 큰 교회에 비해 우위성을 가지는 또 하나의 장점은 유연성입니다. 교회가 작다 보니 쉽게 교회 모임 시간이나 장소를 변경할 수 있습니다. 심지어 모임의 성격이나 방식 자체도 혁신적으로 바꿀 수 있습니다. 안타깝게도 작은 교회들은 대부분 이런 장점을 제대로 살리지 못하고 있습니다. 수요 예배를 없앨 수도 있고, 오전에도 할 수 있고, 다른 날로 옮길 수도 있습니다. 아예 늦은 밤에 모일 수도 있습니다. 장소도 마찬가지입니다. 꼭 교회에서 모이라는 법이 어디에 있을까요? 모이기 쉬운 찻집에서 할 수도 있고, 공원이나 강변에서 할 수도 있습니다. 모임 성격도 기도, 찬양, 성경 공부, 교제 중 하나를 선택해서 천편일률적인 모임이 되지 않게끔 해야 합니다.

요즘에는 인터넷 시대니만큼 인터넷을 잘 활용해야 합니다.

교회 목회를 인터넷이나 멀티미디어에 너무 의존하는 것도 문제지만 그렇다고 완전히 백안시하는 것도 문제입니다. 예를 들어 저희 교회는 스카이프skype를 이용하여 새벽 기도회를 한 달에 한 번 실시하고 있는데 참석률이 높은 편입니다. 어떻게 보면 항상 출석하는 소수의 성도들과 매일 새벽 기도회를 하는 것보다는 정기적으로 모든 교인이 참석하는 기도회를 활성화하는 것이 작은 교회에 더 큰 힘이 될 수 있습니다. 이 모임이 잘 되면 횟수를 늘려가면서 모임을 안정적으로 운영할 수 있을 것입니다.

••• 더 깊은 공부와 나눔을 위한 질문 •••

1. 작은 교회가 생존하기 위한 정도는 무엇입니까?

    지은이가 강조하는 것은 무엇입니까?

2. 작은 교회가 자신들의 장점을 살리지 못하고 단점을 부각시키는 가장 큰 이유는 무엇입니까?

3. 작은 교회 목사들이 본보기를 삼아야 할 교회는 어떤 교회입니까?

4. 작은 교회가 큰 교회를 추구하는 순간 작은 교회는 어디에서 벗어나게 됩니까?

5. 작은 교회에서 중요한 것은 최고나 최선을 선택하는 것보다 선택하는 데 무엇을 줄이는 것이 중요할까요? 실수를 줄이는 가장 좋은 방법은 무엇입니까?

6. 목사들이 우선순위를 정하는 데 먼저 해야 할 일은 무엇입니까?

7. 목사들의 가장 높은 우선순위는 교회의 본질적 문제에 관한 것이어야 합니다. 이 문제에서 목사는 어떤 자세를 취해야 합니까? 비본질적 문제와 규범적인 문제, 지혜의 문제에서 목사는 어떻게 하는 것이 바람직합니까?

8. "불필요한 것을 줄이거나 없애기" 부분을 읽고 나눠 봅시다.

9. "무엇을 어떻게 선택하고 집중할 것인가" 부분을 읽고 자신이 속한 교회에 해당하는 것과 필요한 부분들을 나눠 봅시다.

〈3장 정도正道: 작은 교회의 단점을 약화하고 장점을 살리는 것〉을 읽으면서 하나님께서 깨닫게 해 주신 것과 베풀어 주신 은혜를 생각하며 감사합시다. 또 깨달아 배우고 확신한 일에 거할 수 있게 해 달라고 기도합시다.

작은 교회도 교회다

- 설교
- 설교: 잔소리와 사탕발림
- 제대로 된 세례 시행: 작은 교회 교인으로 하여금 자부심을 갖게 해야 한다
- 매주 시행하는 성찬: 작은 교회만이 누릴 수 있는 특권
- 더 깊은 공부와 나눔을 위한 질문

4장

작은 교회도 교회다

앞에서 저는 작은 교회의 "작은"에 초점을 맞추어 이야기를 했습니다. 이번 장에서는 작은 교회의 "교회"를 집중적으로 살펴보고자 합니다. 너무나 당연한 말이겠지만 작은 교회도 "교회"입니다. 교회는 기업이 아닙니다. 그러므로 이윤을 추구하는 곳이 아닙니다. 교회는 학교가 아닙니다. 그러므로 단지 교인들을 교육시키는 교육 기관도 아닙니다. 교회는 동호회가 아닙니다. 그러므로 단지 친목을 위해 존재하지 않습니다. 교회는 공연장이 아닙니다. 사람 모으는 것 자체가 목적이 되어서는 안 됩니다. 오늘날 교회가 이런 모습을 많이 닮아 가고 있습니다. 현재는 어느 정도 모임이 유지되겠지만 점차 힘을 잃어가고 있습니다. 특히 어린아이들과 젊은이들이 교회를 떠나고 있습니다.

하나님의 백성, 그리스도의 몸, 성령의 전으로서 교회는 보이지 않는 영적 실체입니다. 그러나 이 교회는 표지를 통해 자신의 가시성을 드러내었습니다. 개혁교회는 순수한 말씀 선포, 그 말씀에 따른 성례 시행과 신실한 권징 집행을 교회의 표지로 보았습니다. 작은 교회도 교회라면 작은 교회도 이 표지를 통해 자신의 정체성을 지켜 나가야 합니다. 작은 교회에게 중요한 단어는 "작은"이 아니라 "교회"입니다. 따라서 "작은 교회 살아남기"가 궁극적으로 지향하는 바는 교회의 생존입니다. 한때 번성했던 유명한 교회들이 사라지거나 쇠퇴하거나 거짓 교회로 변절한 것은 교회 역사가 우리에게 주는 경고입니다. 우리나라 교회라고 그렇게 되지 않는다는 법이 어디 있겠습니까?

이 장에서는 신학교에서 배운 교회의 3대 표지 즉 말씀, 성례, 권징을 어떻게 작은 교회에서 구체적으로 실천할 수 있으며, 이것이 교회를 살아남도록 어떻게 도울 것인지 살펴볼 것입니다. 어떻게 보면 이 표지를 강화하는 것이야말로 오늘날 우리나라 교회에서 작은 교회가 대형 교회보다 훨씬 더 잘할 수 있는 부분이기 때문에 작은 교회 목사들은 이 장점을 극대화해야 합니다.

설교

이 책은 설교학 책이 아니기에 설교를 자세히 다루지는 않고 작은 교회와 관련한 몇몇 중요한 요소를 살펴보고자 합니다.

작은 교회 목사의 고민

작은 교회 목사들은 설교하는 데 고민이 많습니다. 작은 교회일수록 목회에서 설교가 결정적입니다. 설교가 너무 큰 비중을 차지하고 있으면 이 때문에 설교가 목회자에게 너무 큰 부담으로 다가옵니다. 그뿐 아니라 작은 교회 목사는 설교를 매주 잘해야 합니다. 새신자가 언제 올지 모르기 때문입니다. 어떻게 설교를 매주 잘 준비하여 잘할 수 있겠습니까? 제 경우, 이상하게도 설교 준비가 잘 되지 않았을 때 새신자가 방문한 경우가 많았습니다. 그때 제 심정이 어떠했는가는 동일한 경험을 한 목사만이 이해할 수 있을 것입니다.

간단히 말해 작은 교회 목사는 무조건 설교를 잘해야 합니다. 그렇다면 얼마나 잘해야 할까요? 결론은 이렇습니다. 적어도 그 교회 주변의 대형 교회 목사들보다는 최소한 나은 설교를 해야 합니다. 교회도 작은데 설교도 잘하지 못하면 그 교회에 갈 이유가 무엇이 있겠습니까? 하지만 이것은 그렇게 쉬운 것이 아닙니다. 그렇다고 이것이 전혀 불가능한 것은 아닙니다. 오히려 더 쉬울 수도 있습니다. 목회의 초점을 바꾸면 얼마든지 가능하기 때문입니다.

일반적으로 대형 교회 목사들은 설교 횟수가 많지 않습니다. 요즘은 주로 오전 예배 한 번만 하는 경우가 많습니다. 반면 작은 교회 목사는 모든 설교를 본인이 할 수밖에 없습니다. 따라서 역량이 같다고 했을 때 작은 교회 목사는 세 배, 네 배의 시간과 노력을 기울여야 합니다. 더 나아가 대형 교회의 경우 설교가 좀 부족하다고 해도 찬양대나 부대시설이나 양육 프로그램이 얼마든지 설교의 부족한 부분을 보충합니다. 하지만 작은 교회는 거의 설교가 전부라고 할 수 있습니다. 그렇다면 작은 교회 목사가 선택해야 하는 길은 설교 준비를 최우선으로 삼고 나머지 시간을 다른 곳에 할애하는 것입니다. 설교 준비에 최우선 순위를 두지 않으면 제대로 된 설교는 불가능하기 때문입니다. 작은 교회 목사는 설교 부분에서 상당히 열세에 놓여 있을 수밖에 없다는 현실을 정확히 직시하고 목회에 임해야 합니다.

그렇다고 작은 교회가 단점만 있는 것도 아닙니다. 설교에서 작은 교회의 가장 큰 장점은 성도가 실교자인 목사와 직접 교제를 할 수 있다는 점입니다. 제가 잘 아는 작은 교회 목사에게서 직접 들었던 이야기입니다. 그 목사의 교인 중 대형 교회에 다니는 친구를 둔 교인이 있는데, 그 친구가 자기 교회 자랑을 많이 하면서 자기 교회에 꼭 한 번 오라고 만날 때마다 강권을 했습니다. 그 친구가 다니는 교회는 대형 교회였고 담임 목사는 이름만 들으면 다 아는 유명한 분이었습니다. 하도 한 번만 오라고 해서 그 교인이 금요 철야 기도회에 참석했습니다. 그다음날 친구가 말했습니다. 교회가 대구에 있기 때문에 경상도 억양을 좀 더 살려서 실감나게 표현해 보겠습니다.

> **대형 교회 친구** : "우리 목사님 설교 직이제?"
> **작은 교회 교인** : "우리 목사님도 그 정도는 한다."
> **대형 교회 친구** : "……."
> **작은 교회 교인** : "그란데, 느그 목사님은 니 아나?"
> **대형 교회 친구** : "……."

이 짧은 대화에서 우리는 설교에 대해 작은 교회 목사들이 어떻게 접근해야 할지를 잘 알 수 있습니다. 그리고 설교를 어느 정도 잘해야 하는지도 알 수 있습니다. 적어도 작은 교회 목사는 주위에 있는 대형 교회 목사보다는 설교를 잘해야 합니다. 작은 교회는 여러 부대시설이나 프로그램도 좋지 않은데 설교마저 더 낫지 않다면 그 교회에 교인들이 계속 가야 할 이유가 무엇일까요? 그러나 앞의 대화에서 살펴보았듯이 대형 교회 목사의 설교가 기대만큼 그렇게 월등히 좋은 것은 아니라는 것을 주목해야 합니다.

작은 교회 목사도 성실히 공부하고 꾸준히 자기 계발을 하면 웬만한 정도의 설교는 할 수 있습니다. 또한 작은 교회 목사는 성도 개인과 친밀한 교제를 강화해서 설교를 더 잘 전달할 수 있도록 해야 합니다. 설교란 설교자의 삶과 분리할 수 없기 때문입니다. 아무리 설교를 잘해도 설교자가 마음에 들지 않으면 그 설교에 은혜를 받을 수 없습니다. 문제는 작은 교회가 여러 다른 모임이나 행사 때문에 목사가 설교 준비를 할 시간이 없다는 것입니다.

교회 크기를 재는 기준이 바뀌어야 한다

교회의 가장 중요한 표지가 말씀이라면 교회의 크기는 말씀의 크기고 말씀의 크기는 말씀을 전하는 설교자의 크기입니다.

말씀이 선포되는 곳에 교회가 있다면 말씀을 선포하는 설교자가 있는 곳에 교회가 있다고 할 수 있습니다. 물론 듣는 성도가 없이 말씀이 선포될 수는 없겠지만 성도가 단순히 모였다고 해서 교회가 되는 것은 아닙니다. 성도의 모임이 아니라 선포되는 말씀이 교회의 정체성을 규정합니다. 그렇다면 목사가 선포하는 메시지의 크기가 교회의 크기를 결정한다고 할 수 있습니다. 이 기준은 작은 교회 목사들이 교회의 생존을 위해 무엇을 해야 하는지, 어디에 목회의 초점을 맞추어야 하는

지 분명히 가르쳐 줍니다.

목사는 기본적으로 목회의 일차적 관심을 말씀 선포에 두어야 하고 성도들에게 관심을 두더라도 설교의 관점에서 바라보아야 합니다. 하지만 많은 경우에 거꾸로 되는 경우가 많습니다. 평소에 정신없이 교인들을 돌보다가 정작 설교 준비에는 시간을 많이 쏟지 못합니다. 교인들이 많이 모이는 것이 중요한 것이 아니라 교인들에게 어떤 메시지를 던져야 할 것인가가 중요합니다. 개신교회는 교인이 다른 교회로 이전하는 것을 제도적으로 막을 방법이 거의 없기 때문에 설교에 최대한 힘을 써야 합니다.

그렇다면 어떻게 설교를 잘할 수 있을까요? 저는 농촌에 있는 중소도시에서 목회하는 한 후배 목사를 만난 적이 있습니다. 세 번이나 교회가 깨지고 두세 가정만 남아 폐쇄하기 일보 직전의 교회였습니다. 특별한 프로그램 없이 말씀 사역에만 전념하여 이 년 후에 20-30명 정도로 성장했습니다. 그 후배와 좋은 대화를 나눈 이후 떠나기 전에 제게 바쁘겠지만 자기 카페에 한번 와서 설교를 듣고 평을 좀 해 달라고 했습니다. 저는 그렇게 하겠다고 했고 그 약속을 지켰습니다. 들어 보니 제가 알고 있던 그 목사의 자질에 비해 훨씬 설교를 잘했습니다. 작은 교회 교인일수록 자기 교회에 대해 자부심을 가져야 하는데 그 자부심은 목사가 전하는 메시지의 크기에 근거할 수밖에 없습니다. 그렇다면 목사는 자기가 전하는 복음의 크기를 키워야 하며 그 출발점은 설교 비평에서 시작해야 합니다.

신학대학원을 떠나면서 목사들 대부분은 설교 비평을 중단합니다. 스스로 설교 비평을 허용하지 않는 한 목사에게 설교 비평은 거의 불가능한 일입니다. 실제로 대부분의 교회에서 설교에 대한 진정한 조언이나 비평이 아니라 설교에 대한 험담이 있을 뿐입니다. 그런데 의외로 작은 교회 목사들이 설교에 대해 헛된 자신감을 갖고 있는 경우가 많은 것을 봅니다. 자신은 설교를 잘한다고 생각하는데 교인들이 잘 몰라준다고 생각합니다. 그렇게 생각하고 있는 한 자신의 메시지를 키우는 것은 불가능합니다. 칼빈John Calvin이 말했듯이 자기부인이 그리스도인의 삶의 방식이라면 이 삶의 방식은 목사에게 부단한 자기 설교 비평이라는 형태로 나타나야 합니다.

작은 교회의 가장 큰 적은 타성에 젖는 것입니다. 변화가 거의 없는 목회를 지속하는 것은 정말 힘든 고난의 과정입니다. 실제로 많은 목사가 타성의 늪에 빠져 있습니다. 아마 작은 교회 목사들은 교회를 부흥시키기 위해 웬만한 방법은 다 사용했을 것입니다. 초기에는 뜨거운 열정도 분명히 있었을 것입니다. 그러나 시간이 지나면서 어떤 방법도 별 효과가 없다 보니 목회에 대한 의욕을 상실한 경우가 적지 않습니다. 타성의 시작은 다른 교회와 비교하거나 경쟁하는 것에서 시작합니다. 그렇게 되면 자기 자신이 초라해 보일 수밖에 없습니다. 그렇다고 경쟁 자체를 거부해서는 안 됩니다. 그렇게 되면 목사는 나태와 불충성이라는 죄에 빠지기 때문입니다. 진정한 경쟁은 안철수 원장이 정확하게 지적했듯이 "어제의 나"와 "오늘의 나" 사이의 경쟁입니다. 변화가 없는 목회 현실에서 작은 교회 목사들이 타성을 극복하는 유일한 길은 자신을 끊임없이 변화시키는 것입니다. 교회를 성장시키는 것은 하나님께서 하시는 일이지만 자신의 성장을 위해 노력하는 것은 목사가 해야 할 일입니다.

설교: 잔소리와 사탕발림

하나님의 말씀은 크게 두 부분으로 구성됩니다. 하나는 율법이고 다른 하나는 복음입니다. 위대한 종교개혁자 마르틴 루터Martin Luther는 이 관계를 제대로 이해하는 것이 성경을 이해하는 데 결정적이라고 주장했습니다. 율법은 명령이고 복음은 약속입니다. 이 둘은 항상 균형 있게 가야 합니다. 그러나 이 균형을 지키기가 심히 어렵다는 것은 목사들 스스로 잘 알 것입니다. 말씀을 전할 때 약속이 빠지면 설교는 잔소리가 되고 율법이 빠지면 설교는 사탕발림이 될 뿐입니다.

사탕발림의 대표적 예는 긍정의 신학입니다. 또는 세속적

복신학입니다. 이들은 하나님의 진노와 심판을 아주 우습게 생각하고 가볍게 치부해 버립니다. 그동안 이런 신학에 기반을 둔 사탕발림의 설교가 우리나라 교회를 상당히 지배해 왔습니다. 그리고 이 사탕발림을 통해 우리나라의 대다수 초대형 교회들이 형성되었습니다. 그러나 그것이 얼마나 허망한 망상이었는지는 최근 로버트 슐러Robert Schuller 목사의 수정교회가 파산함을 통해 현저하게 증명되었습니다. 그러나 이런 명백한 증거가 있는데도 우리나라 교회의 상당수는 여전히 이 사탕발림의 늪에 빠져 있습니다. 작은 교회는 이런 늪에 빠지면 안 됩니다. 작은 교회가 대형 교회를 추구하는 순간 멸망의 길로 들어서기 때문입니다. 작은 교회는 긍정의 메시지와 호응을 이룰 수가 없습니다. 오늘날 작은 교회는 그 자체가 패자기 때문입니다. 그렇다면 작은 교회가 살아남을 수 있는 길은 대형 교회가 전하는 메시지와 뭔가 구별되는 메시지여야 합니다. 그렇다면 그것은 당연히 성경의 가르침에 충실한 메시지여야 합니다.

제가 방문한 작은 교회들은 대부분 그나마 신실한 교회들이었는데 안타깝게도 그 설교가 사탕발림과는 정반대의 쓴소리인 경우가 많았습니다. 설교에 은혜와 복음이 깊이 스며들어 있지 않으면 설교는 잔소리가 되기 쉽습니다. 예를 들어 봅시다. 작은 교회가 살아남기 위해 또한 튼튼하기 위해 전도는 필수입니다. 그런데 성도들로 하여금 어떻게 하면 전도를 하게 할까요? 목사들은 대부분 "전도하십시오. 전도하면 복 받습니다. 전도하지 않는 것도 죄를 짓는 것입니다." 하는 식으로 설교합니다. 이것이 대표적으로 율법주의적 설교입니다. 그러나 전도하는 것이 좋다는 것을 모르는 성도는 아무도 없습니다. 우리 자녀들도 마찬가지입니다. "공부하라. 공부하라."고 해서 공부합니까? 공부를 하려고 하다가도 "공부하라!"는 소리를 들으면 오히려 딴짓을 하고 싶어하는 것이 사람의 속성입니다. 마지못해 책상 앞에 앉아 있을 뿐입니다.

결국 성도들로 하여금 전도를 하게 하기 위해서는 구원의 감격, 하나님의 사랑, 하나님의 은혜를 설교 속에서 체험하게끔 해야 합니다. 그리스도께서 십자가에서 어떤 일을 행하셨는지, 어떤 일을 하기를 원하시는지에 대해 풍성하게 설교해야 합니다. 더 나아가서 성도들에게 전도를 격려하는 가장 좋은 방법은 작지만 좋은 교회를 만드는 것입니다. 저는 이런 이야기를 들었습니다. 담임 목사가 하도 전도하라고 설교를 하니까 전도를 하러 나가기는 했는데 전도를 하면서 자기네 교회 옆에 있는 교회를 가도록 권면했다는 것입니다. 무슨 말입니까? 자기가 생각하기에 새신자가 자기 교회에 오면 도리어 신앙에 방해가 된다고 판단했기 때문입니다. 여기에서 우리는 우선순위의 중요성을 보게 됩니다. 전도에 앞서 선행해야 할 것은 과연 성도들이 자신이 다니는 교회를 자랑하고 싶은 좋은 교회라고 생각하는가입니다. 물론 좋은 교회의 가장 중요한 지표는 목사입니다. 결국 가장 좋은 전도는 "우리 교회 좋아요! 우리 목사님 좋아요!"입니다. 성도들이 이 말을 진심으로 외칠 수 있게끔 하는 것이 작은 교회 목사가 해야 할 일입니다.

제대로 된 세례 시행: 작은 교회 교인으로 하여금 자부심을 갖게 해야 한다

말씀이 교회의 표지 그 자체라고 한다면 세례와 성찬으로 구성되는 성례는 그 자체가 참 교회의 표지는 아니지만 그 표지를 강화합니다. 설교가 교회에서 가장 중요하지만 설교가 전부는 아닙니다. 따라서 "설교에 목숨을 걸어야 한다!"는 주장은 조금 과한 면이 있습니다. 설교에 대한 홀대도 문제지만 설교의 중요성에 대한 지나친 강조도 문제입니다. 설교에 대한 지나친 강조 때문에 우리나라 개신교 성도들은 설교가 절대 기준이 되어서 좋은 설교를 찾아 교회를 쇼핑하는 경우가 적지 않습니다. 작은 교회의 설교가 큰 교회의 설교에 비해 탁월할 정도로 좋지 않다면 작은 교회 목사는 설교에 모든 것을 걸어서는 안 됩니다.

설교는 자신 혼자 존재할 수 없으며 성례의 뒷받침을 받아야 합니다. 설교가 들리는 말씀이라면 성례는 보이는 말씀입니다. 어떻게 보면 이 성례야말로 오늘날 작은 교회가 큰 교회에 비해 절대적으로 유리한 입장에 설 수 있게 도울 수 있습니다. 그러나 제가 방문한 어떤 작은 교회도 이 점을 제대로 파악한 목사는 없었습니다. 설교와 성례의 결정적 차이점 하나를 살펴봅시다. 설교가 절대 기준이 되면 굳이 교회에 나올 필요가 없습니다. 요즘에는 집에서도 얼마든지 설교를 들을 수 있을 뿐만 아니라 볼 수도 있기 때문입니다. 실제로 오늘날 텔레비전이나 인터넷을 통해 혹은 위성 중계를 통해 예배를 드리는 교회들이 얼마나 많습니까? 앞으로 이런 현상이 발전되면 굳이 교회에 오지 않더라도 예배를 드릴 수 있다고 생각하는 사람들이 늘어날 것입니다. 그러나 성례는 오직 교회에 직접 출석하여 그 예배에 참석해야만 그 은혜를 누릴 수 있습니다. 이것은 특별히 성찬의 경우에 그러합니다. 대형 교회일수록 이런 은혜의 수단들을 대충 처리하는 경우가 많은데 작은 교회는 오히려 은혜의 수단들을 잘 사용하면 설교의 부족함을 채우거나 설교의 약점을 채울 수 있습니다.

　세례는 삼위 하나님과 연합을 통해 가시적 교회의 회원이 되는 예식입니다. 큰 교회의 경우 세례는 하나의 해치우는 연례 행사인 경우가 많습니다. 일 년에 한 차례 수십 명이 합동으로 세례를 받는 경우가 많습니다. 세례에 참석한 사람은 여러 사람 중 한 명일 뿐입니다. 다음 시간에 있을 예배 때문에 쫓겨서 세례식을 하다 보니 세례의 의미가 잘 전달되지 않습니다. 무엇보다 세례가 은혜의 수단이라는 개념을 실천하지 못하고 있습니다. 작은 교회는 이것을 충분히 극복할 수 있습니다. 작은 교회는 세례식을 그때마다 자주 실시하는 것이 좋습니다. 특히 유아 세례가 그러합니다. 아이가 태어나서 부모와 함께 처음으로 교회에 왔을 때 혹은 백일이 되었을 때 세례식을 더 의미 있게 실시할 수 있습니다. 이 세례를 제대로 실시하기 위해 교인들에게 세례 교육을 강화하는 것은 필수입니다. 유아 세례의 경우 부모들의 신앙 교육을 강화할 수 있는 좋은 기회가 됩니다. 세례 교육을 제대로 하기 위해서는 목사가 스스로 교리문답을 잘 가르칠 수 있는 능력을 길러야 합니다. 충분히 교회의 회원이 될 만하다고 판단했을 때 세례를 베풀고 온 교회가 그 사람을 회원으로 기쁘게 받아들입니다. 예배를 마치고 온 교회가 함께 모여 잔치를 배설한다면 그 아이와 부모는 얼마나 기뻐하겠습니까? 이 기쁨이야말로 큰 교회가 교인들에게 절대로 줄 수 없는 기쁨이기에 작은 교회는 어떻게 하든지 이 장점을 살려야 합니다.

세례와 관련하여 입교나 회원 가입도 마찬가지로 이해할 수 있습니다. 작은 교회일수록 교회를 빨리 성장시켜야 하겠다는 조급함 때문에 교회 회원을 받아들일 때 쉽게 결정하는 경우가 많은데, 당장은 교인 수가 조금 늘 수 있을지 모르지만 장기적으로는 교회에 큰 해가 될 수 있습니다. 특히 요즘은 큰 교회에서 제대로 적응하지 못한 자들이 작은 교회의 약점을 이용하여 주인 노릇하려고 오는 경우가 적지 않습니다.

한번 예를 들어 봅시다. 실제로 이와 유사한 경우가 적지 않게 일어나고 있습니다. 어떤 교인이 기존 교회에서 주인 노릇을 하지 못하게 되자 작은 교회에 와서 주인 노릇을 하기로 마음먹었다고 가정해 봅시다. 작은 교회에서 주인 노릇하는 것은 그렇게 어렵지 않습니다. 일단 주일 오전 예배와 오후 예배, 수요 예배만 참석하면 목사는 그 사람을 아주 좋게 볼 것입니다. 새벽 기도까지 나오면 매우 신앙이 좋다고 생각할 것이고 십일조를 바치면 다른 어떤 교인들보다 아끼게 될 것입니다. 거기에다 명절이나 생일날 식사나 선물을 하나 장만해 오면 목사에게는 최고의 교인입니다. 설교 시간에 그런 것을 한다 해서 믿음이 좋은 것은 아니라고 말은 하면서도 실제로 목사는 그런 사람들이 좋은 신앙인이라고 생각하고 있습니다. 이 글을 읽는 정직한 목사들은 제 말에 거의 전적으로 동의하리라 생각합니다. 그래서 그 사람에게 연말이 되어 직분을 주는 순간 교회는 점점 시련에 빠지게 됩니다. 그런 사람을 교회에서 쫓아내는 것은 지난한 일이 될 뿐만 아니라 그 일에 성공하더라도 목사는 목회를 이전과 같이 전심으로 할 수 없게 됩니다. 이전과 달리 이제 교인들을 전적으로 신뢰하지 못하게 되었기 때문입니다.

저희 교회는 다음과 같은 과정을 거쳐서 새 회원을 받아들입니다. 참고가 될 수 있을 것입니다. 다른 교회 교인이 우리 교회에 처음 출석하면 예배 시간 이후에 간단하게 환영하는 인사를 나눕니다. 시간이 지나도 계속 출석하면 적당한 시간을 내어서 개인적으로 우리 교회에 오기를 원하는 이유를 물어봅니다. 그 이유가 합당하지 않으면 교회 회원으로 받지 않고 기존 교회나 다른 교회에 참석할 것을 권합니다. 또한 와야 할 충분한 이유가 있다고 하더라도 원칙적으로 이명증서를 요구합니다(하지만 상당수 교인들은 이명증서 자체를 잘 모릅니다). 이명증서는 상당히 부담스럽기 때문에 정말 우리 교회로 옮기기로 결심하지 않으면 우리 교회에 오는 것을 포기하는 경우도 많습니다. 교회를 옮기겠다는 의사가 정말 확실하면 제가 그 가정을 심방하고 그 결과를 교인들에게 알립니다. 적당한 기간 교회를 출석하게 하고 나서 최종적으로 그 가정을 저희 집에 식사 초대를 합니다. 그리고 나서 한 주 후에 성도들에게 우리 교회 회원으로 받을 것을 공지합니다. 그 기간에 반대하는 성도가 한 사람이라도 있으면 그 회원을 받지 않는 것을 원칙으로 합니다. 그 가정이 우리 교회 출석하는 동안 성도

중 한 명이 제가 모르는 심각한 흠을 발견할 수 있기 때문입니다. 아무런 이의가 없으면 정한 예배 시간에 엄숙한 회원 가입 서약식을 합니다. 우리 교회는 장로교회기 때문에 웨스트민스터 신앙고백서를 신조로 받아들일 것과 당회의 치리에 복종할 것을 엄숙하게 맹세하게 합니다. 맹세를 하고 나면 바로 뒤에 있을 성찬에 가장 먼저 참여하게 하여 교회의 완전한 회원임을 체험하게 합니다. 물론 예배 후에는 온 성도가 선물을 준비하여 식사 시간에 함께 축하해 줍니다. 이 모든 과정을 통해 새로 가입한 성도뿐만 아니라 기존 성도들도 자신의 회원권이 얼마나 귀한지를 함께 깊이 체험할 수 있게 됩니다. 이 모든 것을 쉽게 말한다면 교회 회원의 가입은 결혼식에 비유할 수 있습니다. 교회는 그리스도의 몸이기 때문에 새 회원을 받아들인다는 것은 교회의 모든 성도가 그 회원과 한 몸이 되는 것을 의미합니다.

요컨대 작은 교회일수록 회원 가입을 좀 더 엄격하게 할 필요가 있습니다. 세례 교육을 강화해야 하고 회원 가입을 신중하게 해야 하며 부모 교육을 강화해야 합니다. 아마 이렇게 하면 교회가 급작스럽게 성장하지는 않을 것입니다. 그러나 이렇게 회원이 된 사람은 특별한 이유가 없는 한 다른 큰 교회로 옮기지는 않을 것입니다. 쉽게 회원이 되면 쉽게 교회를 떠나게 되고 어렵게 회원이 되면 떠나는 것도 어렵다는 것은 보편적 진리입니다. 큰 교회가 세례나 회원 가입을 쉽게 시행하여 성장하는 것을 보고 작은 교회가 따라 하기 시작한다면 그것은 작은 교회가 쇠퇴하는 출발점이 될 것입니다.

매주 시행하는 성찬: 작은 교회만이 누릴 수 있는 특권

사도행전 2장 42절은 교회가 무엇인가를 아주 잘 가르쳐 줍니다. 예수님께서 마태복음 마지막 장에서 사도들에게 세례를 베풀고 자신이 분부한 모든 것을 가르쳐 제자를 삼으라는 지상명령을 주셨습니다(28:18-20 참고). 주께서 부활 승천하시고 성령님이 임하시고 나서 제자들은 이 말씀을 정확히 기억했습니다. 베드로가 성령님의 감동으로 설교했을 때 삼천 명이나 예수를 그리스도로 믿었습니다. 사도들은 그 사람들에게 세례를 베풀었습니다. 세례를 받은 사람들은 사도들에게서 주님의 가르침을 받았습니다. 그러고 나서 떡을 떼며 교제하고 기도에 전혀 힘썼습니다. 여기서 떡을 떼는 것과 교제하는 것이 같이 나오는데 교제에 해당하는 헬라어 단어는 "코이노니아"입니다. 이것은 교회가 무엇인지를 상징적으로 보여주는 핵심적 단어고 사도신경에 그대로 반영이 되어서 성도의 교제(교통)로 표현되어 있습니다. 여기서 주목할 것은 성찬(떡을 떼는 것)을 코이노니아와 같은 개념으로 사용했다는 것입니다. 이 성경적 코이노니아의 관점에서 보았을 때 작은 교회는 대형 교회에 비해 절대적 우위에 있고 따라서 작은 교회 목사는 이 점을 강화하는 방향으로 목회를 해야 합니다.

어떻게 보면 성찬을 매주 시행하는 것이야말로 큰 교회에 비해 작은 교회만이 누릴 수 있는 유일한 특권입니다. 대형 교회가 텔레비전이나 인터넷을 통해 수많은 설교를 들려줄 수는 있어도, 많은 사람에게 빵 한 조각, 포도주 한 방울을 먹일 수는 없습니다. 물론 큰 교회가 근사하고 화려하게 성찬식을 거행할 수 있지만 매주 혹은 자주 시행하는 것은 쉽지 않습니다. 저는 매주 시행하는 성찬이야말로 작은 교회가 큰 교회에 비해 절대적·본질적으로 우월한 장점이자 특권이며 이것을 강화하는 것이 작은 교회가 살아남는 가장 중요한 수단이라고 주장합니다. 더 나아가 성찬식을 매주 시행하는 것은 종교개혁의 정신을 회복하는 것과 동시에 초대교회로 회복하는 것이며 예배의 본질을 회복하는 것입니다.

이 책은 교회론에 관한 책이 아니므로 성찬에 대해 여기서 모두 말하는 것은 부적절하다고 생각합니다. 여기에 대해서는 제가 쓴 책이 있으니 참고하기 바랍니다.[5] 그러나 작은 교회에 성찬이 주는 의미가 무엇인지를 몇 가지 살펴보고자 합

---

5) 이성호, 『성찬: 천국잔치 맛보기』(전라남도: 그라티아, 2012).

니다. 일반적으로 목사는 성찬이 대단히 중요하다고 말은 합니다. 하지만 실제로 중요하다고 생각하지는 않는 경우가 많습니다. 가장 큰 이유는 일 년에 겨우 두 차례 시행할 뿐이기 때문입니다. 그리고 그 의미에 대해서는 정확히 모르는 경우가 정말 많습니다. 사실 이 둘은 서로 연결되어 있습니다. 성찬에 대한 무지는 성찬에 대한 무관심으로 연결되고 성찬에 대한 무관심은 성찬의 부실로 이어집니다.

다음은 성찬에 대해 제가 강조하는 몇 가지 특징입니다.

1. 성찬은 본질적으로 주님께서 우리에게 베풀어 주신 식사며 따라서 기쁨의 잔치입니다(성찬식은 장례식이나 추도 예배가 아닙니다!).
2. 성찬은 성도들로 하여금 그 교회에 소속감을 강화해 줍니다. 소속감은 작은 교회에 필수고 따라서 이 장점을 강화해야 합니다.
3. 성찬은 복음의 본질이기 때문에 설교와 상호 협력 관계에 있습니다. 성찬은 귀로 들은 말씀을 입으로 먹어서 자신의 것으로 체화합니다.
4. 성찬은 작은 교회의 장점인 성도의 교제를 깊게 합니다. 친교야말로 작은 교회가 가장 우선순위에 두어야 할 목회 항목입니다.

저는 성도들에게 성찬이 빠진 예배는 거짓 예배는 아니지만 불완전한 예배라고 강조합니다. 사실 로마 가톨릭은 성찬이 빠진 우리 예배를 향해 "반쪽짜리" 예배라고 비판하는데 저는 어느 정도 일리가 있다고 생각합니다. 만약 성찬이 예배에서 필수 요소라는 점을 받아들인다면 어떤 일이 일어나겠습니까? 적어도 확실한 것은 성도들이 더는 성찬을 실시하지 않는 대형 교회(소형 교회도 마찬가지)에 가지 않을 것입니다. 이것이 바로 성찬을 강조하는 로마 교회, 성공회, 루터 교회에 대형 교회가 거의 존재하지 않는 근본 이유입니다. 우리나라 개신교는 성찬을 무시했고 그 결과 예배에 심각한 결함이 생겼으며, 그 결과 교회의 성장도 비정상적으로 이루어졌습니다. 우리나라 개신교의 성장은 성장이 아니라 비만이며 하루 속히 고쳐져야 할 질병입니다. 이 질병은 단순하게 치료할 수 없습니다. 우리나라 교회 교인들 대다수가 대형 교회를 출석하고 있고 그 교회가 주는 혜택을 누리고 싶어하고 자신에 대해 자부심을 대단히 갖고 있기 때문입니다. 작은 교회는 그 같은 혜택을 성도들에게 주는 것이 불가능합니다. 그렇다면 작은 교회는 더 본질적인 문제에 관심을 두어야 할 것이며 매주 시행하는 성찬은 그 본질적 문제에 대한 하나의 중요한 답변이 될 것입니다.

구체적 예를 들어 봅시다. 성찬에서 사용하는 잔은 "복의 잔"이라고 불립니다. 종교개혁 당시 사제들은 이 복의 잔을 평신도들에게 돌리지 않았습니다(쏟으면 곤란하니까요). 그러나 오늘날 개신교회도 이 점에서 중세 가톨릭과 실제적으로 다른 점이 거의 없습니다. 왜냐하면 교회들이 대부분 이 잔을 일 년에 두어 차례 돌리기 때문입니다. 우리나라 교회의 성도들은 복이 무엇인지 모르면서 교회를 다니고 있으며 이것은 대부분의 목사들에게도 마찬가지입니다.

성찬은 복에 있어서 작은 교회와 큰 교회의 실질적 차이를 없애 줍니다(설교와 찬양은 교회마다 내용과 수준에서 차이가 큽니다). 성찬을 회복하지 않는 한, 작은 교회와 큰 교회의 격차를 회복하는 것은 불가능합니다. 성찬을 회복할 때 복의 개념을 회복할 것이고 그 결과 더 나은 복을 받기 위해 예배 분위기가 좋은 교회를 찾아가거나, 특별한 은사를 가진 기도원을 찾아다니거나, 설교를 잘하는 목사를 찾아다니거나, 뜨거운 찬양이 충만한 교회를 찾아다니는 영적 걸인들이 사라질 것입니다.

제 강의를 들은 목사들마다 성찬에 대해 갑자기 관심을 갖기 시작하는 경우가 많았습니다. 그리고 성찬을 당장 시행하려고 하는 분도 있었습니다. 다시 한 번 강조하지만 작은 교회는 하나를 하더라도 제대로 해야 합니다. 작은 교회는 아무리 좋은 것이라 하더라도 철저하게 준비를 해야 합니다. 당연한 말이지만 이것을 하기 위해서는 먼저 목사가 성찬에 대한 이해를 새롭게 해야 합니다. 몇 가지 질문을 던지겠습니다. 화체설, 공재설, 기념설, 영적 임재설이 정확히 어떤 의미고 이것이 성찬을 이해하는 데 어떤 영향을 주는지 제대로 이해하고 있습니까? 성찬식이 만약 배부름과 기쁨의 잔치라면 성찬식에는 어떤 찬송을 불러야 할까요? 더 나아가 목사가 스스로 성찬을 통해 은혜를 체험한 적이 있습니까? (막연한 감정이 아니라) 무엇보다도 중요한 것은 성찬을 매주 실시하기 전에 성찬의 의미에 대해 성도들에게 충분히 가르쳐야 합니다.

••• 더 깊은 공부와 나눔을 위한 질문 •••

1. 교회의 3대 표지는 무엇입니까?

2. 작은 교회 목사는 무조건 설교를 잘해야 합니다. 그렇다면 얼마나 잘해야 할까요?

3. 설교에서 작은 교회의 가장 큰 장점은 무엇입니까?

4. 어떻게 해야 설교를 잘할 수 있습니까?

5. 교회를 성장시키는 것은 하나님께서 하시는 일입니다. 그렇다면 목사는 무엇을 해야 합니까?

6. 사탕발림 식 설교의 대표적 예는 무엇입니까? 이런 설교가 얼마나 허망한 망상인지는 오늘날 무엇으로 증명되었습니까?

7. 설교가 들리는 말씀이라면 성례는 어떤 말씀입니까?

8. 작은 교회에서 제대로 시행하는 성찬과 세례를 통해 교인들이 누리는 유익은 무엇입니까?

9. 지은이가 목회하는 교회에서 새신자가 회원이 되는 과정을 읽은 후, 자신의 교회 상황을 나눠 봅시다.

10. 성찬에 대해 지은이가 강조하는 몇 가지 특징을 읽은 후, 그동안 성찬에 대해 어떻게 이해하고 시행해 왔는지 되돌아보고 나눠 봅시다.

〈 **4장 작은 교회도 교회다** 〉를 읽으면서 하나님께서 깨닫게 해 주신 것과 베풀어 주신 은혜를 생각하며 감사합시다. 또 깨달아 배우고 확신한 일에 거할 수 있게 해 달라고 기도합시다.

5장

정도正道의 실제적 적용

- 수요 기도회
- "비전 장사"의 함정
- 작은 교회의 재미
- 교회당 시설에 대한 신학의 중요성

- 더 깊은 공부와 나눔을 위한 질문

5장
정도正道의 실제적 적용

이제 작은 교회 살아남기에 대한 원리적 이야기를 했으니 이 원리에 근거하여 자신이 속한 교회들을 살펴봅시다. 누구나 정도正道를 알고 있으나 실제로는 그 정도와 반대로 교회를 운영하고 있는 경우가 많았습니다. 한두 가지 예를 통해 작은 교회들이 어떤 문제들을 갖고 있는지, 그 문제들을 어떻게 해결해야 할지 살펴봅시다.

수요 기도회

저는 방학 기간을 이용하여 지역 교회의 수요 기도회에 참석한 적이 있는데 상당한 공통점을 발견할 수 있었습니다.

1. 제 시간에 모임을 시작하는 경우가 거의 없습니다.
2. 참석 수가 너무 적어 분위기가 매우 썰렁합니다.
3. 하나같이 예배 전 15분 정도 찬양을 합니다. 수요일이기 때문에 주로 한 사람이 인도하는데 따라 부르는 사람이 적극적이지 않다 보니 맥이 빠집니다.
4. 찬양이 끝나면 한 사람이 기도 인도를 하는데 형식적인 내용을 나열할 뿐입니다.
5. 25-30분 정도 설교를 합니다. 목사들도 설교에 열정이 없고, 있다 하더라도 성도들의 반응은 별로 일어나지 않습니다.
6. 신자들은 하나같이 예배실 벽 쪽이나 뒤쪽에 띄엄띄엄 앉아 있습니다. 강대상과 할 수 있는 한 멀리 그리고 성도들 간에도 멀리 떨어져 앉아 있습니다.
7. 예배를 주기도문으로 마치면 목사는 출입구에서 기다리고 있다가 성도들이 다가오면 차례로 악수를 하고 금방 헤어집니다.

자신이 다니는 교회가 위에 언급한 항목 중 몇 개라도 유사하다면 그 교회는 아주 심각한 상황에 있다고 보아도 과언이 아닙니다. 제가 어느 강연에서 이 항목들을 들려주면 처음에는 상당수가 웃습니다. 자신들이 다니는 교회도 그렇게 하고 있다는 표시입니다. 하지만 목사들은 대부분 강의를 듣기 전까지 이것이 심각한 문제라고 생각하지 않았습니다. 왜냐하면 이런 수요 예배의 모습은 수십 년이 넘게 있어 왔던 모습이기 때문입니다. 다들 수요 예배는 원래 그렇다고 생각하고 있었습니다. 그러니 이런 모습을 당연히 생각했고 따라서 이런 모습을 개선하려는 진지한 노력을 하지 않았습니다. 물론 전혀 노력을 안 하지는 않았을 것입니다. 아마 찬양단도 조직해 보고 박수를 치면서 찬송을 부르기도 하고 특별한 프로그램도 만들었을 것입니다. 그러나 그런 것들이 별로 효과가 없으니 그냥 이전으로 돌아간 것 같습니다.

이제 이것이 심각한 문제라는 것을 파악했으니 대책을 마련해 보도록 합시다. 어떻게 해야 할까요? 각자 스스로 답을 해 보십시오. 앞에서 우리가 읽은 정도正道의 관점에서 파악해 봅시다. 제가 생각하기에 가장 좋은 대책은 수요 기도회를 없애는 것입니다. 만약 이 정답을 맞혔다면 여러분은 앞에서 읽은 내용을 제대로 파악했다는 증거입니다. 교회마다 다르겠지만 수요 기도회의 분위기가 앞에서 기술한 것과 동일하다면 기도회를 차라리 하지 않고, 성경 공부 모임이나 제자훈련, 심방, 구제와 같은 다른 일에 힘을 기울이는 것이 더 현명합니다.[6]

---

[6] 저는 작은 교회에서는 수요 예배를 없애야 한다고 주장하는 것이 절대 아닙니다. 수요 예배가 작은 교회에서 절대적이지 않다는 점을 지적하는 것입니다.

그러나 만약 교회의 형편상 수요 기도회를 꼭 해야 한다면 어떻게 해야 할까요? 다른 문제들은 비교적 쉽게 해결할 수 있을 것입니다. 그러나 6번 문제는 어떻게 해결해야 할까요? 기도회 시작하기 전에 "앞자리에 앉으세요." 하고 말하면서 성도들과 함께 기도회를 할 수도 있을 것입니다. 하지만 교회의 목사들은 대부분 그렇게 하지 않습니다. 이미 예전에 다 했던 말이고 교인들은 그런 말을 잔소리로 알기 때문입니다. 더구나 '내 자리 내가 마음대로 앉겠다는데 목사님이 왜 이런 문제까지 간섭하는가?' 하고 마음속으로 대꾸할지 모릅니다. 무엇보다 이 방법은 정직하지 못한데 목사들도 어떤 모임에 가면 앞자리에 앉기보다는 주변에 앉는 것을 좋아하기 때문입니다. 자신들도 하지 못하는 일을 성도들에게 강요해서야 되겠습니까? 더구나 "앞자리에 앉으세요."라는 말도 한두 번이지 매번 모임 때 그 말을 반복하는 것은 성도들에게 지겨움을 줄 뿐입니다.

따라서 목사는 이 문제를 근본적으로 해결해야 합니다. 근본적 방법은 무엇일까요? 앞에서 배운 대로 장소의 유연성을 살리는 것입니다. 이상하게도 목사들은 수요 기도회를 본당에서 해야 한다고 생각합니다. 사람이 몇 명 되지도 않는데 무엇 때문에 수요 기도회를 본당에서 하려고 합니까? 제가 참석한 작은 교회들은 대부분 수요 예배가 스무 명을 넘지 않았습니다. 그렇다면 당연히 수요 기도회를 본당이 아니라 분위기가 살아날 수 있는 별도의 방을 사용하는 것이 좋습니다. 서로 모두 가까이 앉아 있으니 함께 인사를 나누고 교제를 쉽게 할 수 있습니다.

찬송을 15-20분, 설교를 25-30분 하는 것도 기도회를 무조건 한 시간 정도 채워야 한다는 강박관념을 갖고 있기 때문이라고 저는 생각합니다. 다시 한 번 정도正道의 관점에서 생각해 봅시다. 찬송을 5분, 설교를 15분 정도로 하여 기도회를 30분 안에 마치면 안 됩니까? 그러고 나서 서로 기도 제목을 나누거나 간단한 다과를 통해 교제를 나누는 것이 훨씬 더 의미 있는 시간이 되지 않을까요? 수요 기도회에 참석하여 교인들이 목사님과 나눈 대화는 대부분 이렇습니다. "아무개 성도님, 반갑습니다. 잘 지내셨지요?" "네, 감사합니다." 그리고 잠시 뒤 간단히 악수를 하고 헤어집니다. 이것은 대화가 아니라 목소리 교환일 뿐입니다. 작은 교회인데도 목사와 성도 간 교제는 1분도 채 되지 않습니다. 그렇다면 큰 교회와 작은 교회의 차이는 전혀 존재하지 않습니다. 어떻게 보면 오늘날 대형 교회 목사들은 컴퓨터나 스마트폰을 잘 사용하여 담임 목사가 성도들 옆에 있다는 착각을 불러일으키게 만들기도 합니다. 정말 안타깝게도 작은 교회가 철저하게 자신의 장점을 살리시 못하고 약점만을 부각하는 것이 오늘날 대부분 작은 교회에서 일어나는 수요 기도회의 현실입니다.

일반적으로 목사들이 수요 기도회 설교에 대해 주일 오전 예배보다 훨씬 덜 신경을 씁니다. 그러나 이상하게도 설교단에 올라서면 30분을 채워야 한다고 생각합니다. 준비도 하지 않은 상황에서 30분을 채우려고 하니 설교를 제대로 할 리가 없습니다. 설교는 했던 말의 반복, 요지의 부재, 알맹이 없는 내용, 수준 낮은 예화로 가득 차게 됩니다. 작은 교회일수록 의미 없는 일을 해서는 안 됩니다. 준비를 하지 않았으면 차라리 준비한 만큼만 설교를 하면 됩니다. 혹시 준비를 하지 않았다면 굳이 자신의 설교를 꼭 할 필요가 없습니다. 차라리 좋은 경건 서적(예를 들면 청교도나 기독교 고전)을 읽고 요약해서 성도들에게 들려주는 것이 나을 수 있습니다. 그렇게 모임을 인도하면 성도들은 최소한 무엇인가 영적으로 유익한 점을 배웠다고 생각할 것입니다.

마지막으로 더 본질적인 문제를 말하려고 합니다. 본당에서 왜 교인들이 목사와 가까이 앉으려고 하지 않을까요? 왜 성도들끼리 서로 가까이 앉기보다는 멀리 떨어져서 앉기를 더 원할까요? 이 문제를 해결하지 않고서는 아무리 모임을 작은 방으로 옮기고 예배 순서를 짧게 하고 다과를 통해 교제를 강화한다고 해서 수요 기도회의 분위기가 근본적으로 바뀌는 것은 아닙니다. 결국 목사가 해야 할 가장 중요한 것은 목사가 스스로 성도들에게 가까이 갈 수 있는 존재로 성장하는 것입니다. 목사가 좋은데 성도들이 왜 목사와 멀리 떨어져 앉기를 좋아하겠습니까? 목사는 이 점에서 자신을 항상 돌이켜 성찰해야 합니다. 어떻게 하면 성도들이 목사를 신뢰하고 따르게 할 것인가에 대한 정답은 없습니다. 상황이나 인구 구성에 따라 너무 많은 변수가 있기 때문입니다.

"비전 장사"의 함정

우리나라 교회에서 사용하는 명칭을 가만히 보면 재미있는 현상들이 있습니다. 그중 하나가 교육관이나 부속 건물을 지을 때 비전이라는 단어를 많이 쓴다는 사실입니다. 아마 대형 교회 중 상당수가 이름이 비전 센터라는 건물을 갖고 있을 것입니다. 심지어 교회 이름에도 비전이 들어가는 경우가 종종 있습니다. 비전 이외에도 비전과 비슷한 "꿈"이나 "하늘" 또는 "드림"이라는 단어를 자주 사용합니다. 저는 "우리가 꿈꾸던 교회"라는 교회 간판을 본 적도 있습니다. 이와는 정반대로 "현실" 혹은 "땅"을 강조하는 교회는 거의 본 적이 없습니다. 적어도 이름이라는 측면에서 보았을 때 우리는 가현설적인 불가시적 교회를 추구하고 있는 것입니다.

목사의 설교에서도 비전이나 꿈을 강조하는 것을 쉽게 발견할 수 있습니다. 대형 수련회 집회의 주제에서 거의 빠짐없이 나오는 단어가 비전이나 꿈과 관련된 것입니다. 최근에는 이른바 선교 여행이라고 부르는 프로그램을 "비전 트립"이란 이름으로 대체하고 있는 것을 봅니다. 정확한 인식을 갖고 이런 현상을 분석해 보면 오늘날 우리나라 교회에서 야망이나 포부와 성경에서 말하는 소망의 차이는 거의 없어지게 되었다는 것을 쉽게 발견할 것입니다. 목사들은 소망에 대해 설교한다고 생각하겠지만 실제로는 소망이 아닌 세속적 처세술을 설교라는 형식을 빌려서 가르치고 있는 것입니다. 이런 설교 형태는 거의 모든 형태의 대형 교회에서 두드러지게 나타나고 있습니다. 심지어 모범 교회라고 간주하는 교회에서조차 아주 고급스럽게 포장하여 "비전" 장사를 하고 있는 것입니다.

작은 교회 살아남기 원칙에 비추어 보았을 때 이런 설교 양태는 대형 교회가 하고 있다는 이유만으로도 마땅히 거부해야 합니다. 작은 교회가 비전 따라가기를 시도하는 순간 그 교회는 쇠퇴를 향한 첫걸음을 내딛는 것입니다. 어떤 사람들은 이렇게 반론을 제기할 것입니다. "작은 교회일수록 비전을 더 이야기해야 하는 것 아닌가요?" "작은 교회가 다른 것은 큰 교회보다 잘할 수 없겠지만 비전이라도 더 크게 가져야 하는 것 아닌가요?" 물론 저는 작은 교회가 성도들에게 특히 청소년이나 청년들에게 비전을 품지 말게 해야 한다고 말하는 것은 아닙니다. 문제는 어떤 종류의 비전이냐 하는 것입니다.

이 글을 읽는 독자들은 "비전"이라는 단어를 들었을 때 대충 어떤 감이 올 것입니다. 만약 정말 비전이나 꿈을 갖게 된 청소년들은 어떻게 살아가게 될까요? 아마 이렇게 그 청소년의 삶이 진행될 것입니다. 그 청소년은 공부를 열심히 할 것입니다. 그러면 좋은 대학에 들어갈 것이고 대학에 들어가면서 자기가 출석하는 교회를 떠날 것입니다. 그리고 자기의 "비전"을 이룰 수 있는 교회를 찾을 것입니다. 물론 그런 교회는 대형 교회가 될 수밖에 없습니다. 그 학생은 자신이 선택한 대형 교회에서 자신의 꿈을 키우며 행복하게 살아갈 것입니다.

비전이라는 관점에서 보았을 때 작은 교회 목사들은 일반적으로 자기 살을 깎아먹는 설교를 하고 있습니다. 열심히 훈련시켜서 대형 교회의 살을 찌우는 일을 자발적으로 하고 있는 것입니다. 비전에 대한 설교가 작은 교회를 성장시키는 것이 아니라 오히려 고사시키고 있는 한심한 일이 벌어지고 있는 것입니다. 반면 꿈을 가지지 못했거나 꿈을 이루지 못한 학생들은 어떻게 살아갈까요? 그 학생은 아마 제대로 된 학교를 진학하지 못하고 비전을 이룬 동료들을 부러워하면서 낮은 자존감을 갖고 자기가 살고 있던 지역에 남아 있을 것입니다. 자, 그렇다면 앞으로 작은 교회 목사가 목회할 대상들은 누구입니까? 비전을 이룬 자입니까 아니면 비전을 이루지 못한 자입니까?

작은 교회가 성장하기 위해서는 비전에 대한 인식을 완전히 바꾸어야 합니다. 비전은 얼마든지 "헛바람"과 동의어가 될 수 있다는 사실을 기억합시다. 솔직히 비전이라는 말을 아예 쓰지 말고 더 성경적 용어인 "소명"이라는 말을 계속 쓰기를 권합니다. 비전이라는 용어를 정 쓰고 싶다면 전혀 새로운 개념의 비전을 심어 주어야 합니다. 가장 중요한 비전은 자기가 지금 살고 있는 지역을 변화시키는 것이라는 사실을 인식시키는 것이 작은 교회 목사가 해야 할 일입니다. 설교 시간에 자기 교회 성도들에게 그 지역에 남아서 자녀를 낳고 길러서 대대로 그 지역을 하나님의 말씀에 따라 변화시키는 것이 가장 확실한 소명(비전)이라는 것을 강조할 때, 더 좋은 곳으로 가서 꿈을 이루지 못한 성도들이 자기 교회에 대한 자부심과 애착을 갖게 될 것입니다.

결국 작은 교회 목사 자신이 비전을 바꾸어야 합니다. 교회 크기가 목사의 비전이 되면 그 목회는 결코 행복한 목회가 될 수 없습니다. 자신의 목회가 고달파질 뿐 아니라 교회 성도들은 말힐 깃도 없습니다. 교회 성도들은 목사의 비전을 위한 수단이 될 뿐이기 때문입니다. 목사의 비전은 그 교회 성도들 자체가 되어야 합니다. 성도들이 말씀을 듣고 복된 삶을 사는 것이 목사의 비전이 되어야 합니다. 성도의 복된 삶에서 행복을 느낄 때 그 목사는 교회의 크기와 상관없이 행복한 목회를 하게 됩니다. 그 비전을 다른 것에서 찾기 시작하는 순간 그 목사는 안식 없는 무한한 경쟁의 바다에 뛰어들 수밖에 없습니다.

따라서 작은 교회 목사들이 스스로 비전에 대한 분명한 개념을 갖고 있어야 합니다. 우선 성경에서 비전이라는 말을 계시 혹은 묵시와 동일어로 사용했었다는 점을 기억합시다. 따라서 성경적 의미에서 비전은 오늘날 존재하지 않습니다. 물론 일반적 의미에서 비전이라는 말을 사용할 수 있겠지만 일반적 의미로 사용하는 비전은 개혁신학에서는 소명이라고 불렸습니다. 차이점이 있다면 소명은 하나님께서 주시는 것이고 비전은 자신이 선택하고 자신이 이루어 가는 것입니다. 당연히 개혁신앙을 추구하는 자들은 소명이라는 단어를 선호해야 합니다.

오늘날 신자들은 대부분 비전은 근사한 어떤 것(직업)이라고 생각합니다. 그렇게 되면 청소부, 택시 운전사, 농부, 철도 노동자는 좋은 비전에서 제외됩니다. 앞으로 양극화가 더 심화되는 상황 속에서 상당수의 우리 청소년들이 평생 그 같은 비정규직에 몸담아야 할 것입니다. 그렇다면 그 친구들에게는 비전을 어떻게 설명해야 하겠습니까? 목사들은 단지 "괜찮아, 잘될 거야." 혹은 "하나님께서 때가 되면 다 알아서 하실 거야." 하는 식으로 무책임하게 답변을 해서는 안 됩니다.

성경에 비전과 가장 유사한 개념이 있다면 그것은 달란트 개념입니다. 이 비유에 따르면 첫째, 달란트는 주님께서 주십니다. 둘째, 달란트는 각자의 은사대로 주어졌습니다. 셋째, 주어진 달란트에 충성한 자에게는 더 큰 달란트가 선물로 주어집니다. 여기서 주목하게 되는 것은 현재 주어진 것에 충성하는 것이 얼마나 중요한가라는 것입니다. 소명(비전)이란 미래에 있을 어떤 근사한 것이 아니라 이미 주어진 것이고 아무리 작은 것이라도 그것이 하나님께로부터 온 것이라고 확신하면서 충성하는 것입니다. 간단히 말해 참된 비전은 작은 일에 충성하는 것이며 이렇게 비전을 달리 이해한다면 오늘날 강단에서 선포하는 비전에 대한 설교들이 얼마나 성경의 메시지와 동떨어져 있는지를 파악하는 것은 그렇게 어렵지 않을 것입니다.

작은 교회의 재미

많은 사람이 작은 교회나 개척 교회는 힘이 든다고 합니다. 다들 그런 인식을 하고 있으니 요즘 젊은 목사늘이 개척을 하거나 작은 교회에 청빙받아 부임하는 것을 꺼려 합니다. 만약 작은 교회가 힘만 들고 어려운 점만 있다면 작은 교회는 절대로 살아남을 수 없을 것입니다. 그러나 그렇지 않다는 것이

제가 전달하고자 하는 메시지입니다. 오늘날 작은 교회를 대형 교회로 만드는 것은 거의 불가능하지만 작은 교회를 아주 바르고 좋게 만드는 것은 얼마든지 가능합니다. 예전에는 일등만이 살아남는다고 했지만 요즘에는 살아남는 것이 일등이라고 합니다. 만약 어떤 작은 교회를 설립한 지 십 년이 넘었는데도 여전히 살아남아 있다면 그것은 그 교회가 일등을 했다는 것을 의미합니다. 그 교회 목사는 누가 뭐래도 성공한 목사입니다.

하지만 작은 교회를 오랫동안 목회하는 것이 쉬운 것은 아닙니다. 목회자도 쉽지 않지만 성도들도 쉽지 않습니다. 작은 교회가 계속 살아남기 위해서는 고난만 있어서는 안 됩니다. 그렇다면 언젠가 그 교회는 문을 닫아야 할 것입니다. 고난이 있어도 그 교회에 다니는 이유는 그곳에 뭔가 모를 기쁨과 재미가 있기 때문입니다. 물론 말씀의 기쁨, 기도의 기쁨, 봉사의 기쁨 등이 있어야 합니다. 그러나 문제는 이런 기쁨은 다른 대형 교회에도 있거나 더 많다는 사실입니다. 작은 교회는 작은 교회만이 주는 기쁨과 재미를 개발할 필요가 있습니다. 물론 교회의 재미와 즐거움은 진리 안에서 누리는 기쁨, 예배 안에서 누리는 기쁨이 가장 본질적인 것입니다. 그러나 그렇다고 해서 성도들끼리 누리는 기쁨과 재미를 결코 무시해서도 안 됩니다.

강원도에 있는 어떤 작은 교회를 방문한 적이 있습니다. 백 명 정도 되는 그리 크지 않은 교회였습니다. 담임 목사와 대화를 하는 중에 그 목사는 자신의 교회가 재미가 있다는 점을 무의식적으로 여러 번 언급했습니다. 그날 저녁 그 교회 목사님과 장로님들이 함께 모인 자리에서 질의 시간을 가졌는데 그때 저는 "목사님, 교회가 구체적으로 어떤 점에서 재미가 있습니까?" 하고 물었습니다. 한참을 생각하더니 그 목사는 잘 모르겠다고 답을 했습니다. 교회가 재미있는 것은 분명한 사실인데 구체적으로 무엇이 재미있는지를 확실하게 답할 수 없었던 것입니다. 그런데 기쁘게도 그 옆에 있는 장로님이 세 가지로 답을 했습니다. 저는 그 답을 아직도 잊을 수가 없습니다. 첫째는 소통, 둘째는 변화, 셋째는 섬김의 기쁨이었는데 하나씩 살펴보기로 합시다.

첫째, 그 교회의 가장 큰 재미는 서로가 말이 통한다는 점이었습니다. 목사와 장로, 장로와 장로, 장로와 평신도, 노인과 젊은이, 여자와 남자 사이에 소통이 매우 잘 이루어지고 있었습니다. 정말 그렇습니다! 교회 안에서 말이 통하지 않으면 재미가 하나도 없습니다. 말이 재미있게 통하기 위해서는 일방통행이 아니라 양방통행이 되어야 합니다. 소통을 재미있게 하라는 말은 목사가 설교 시간에 재미있는 말을 많이 하라는 것이 아닙니다. 양방 소통이라는 점에서 목사들은 대부분 치명적 약점을 갖고 있습니다. 목사가 설교를 많이 하다 보니 대부분의 목사는 말하는 것에 익숙한데 듣는 것에는 거의 문외한인 경우가 많습니다. 평상시에 말을 하더라도 금방 설교조가 되어 버립니다. 목사들은 대부분 듣는 법을 알지 못합니다. 사실 이것은 목사들에게 거의 직업병이라고 할 만합니다. 이 병을 고치지 못하면 작은 교회 목사는 목회를 하더라도 절대 재미있게 할 수 없습니다. 대형 교회의 담임 목사는 양방통행을 할 필요가 없습니다. 양방통행을 하더라도 평신도들 중 지도자들과만 소통을 잘하면 됩니다. 그러나 작은 교회 목사는 모든 성도와 늘 소통해야 합니다.

그런데 이 소통을 목사들이 대부분 잘하지 못하고 있습니다. 그 이유 중 하나는 변화된 환경에 적절히 대처하지 못했기 때문입니다. 다시 한 번 강조하지만 예전과 같은 권위주의 시대는 지나갔습니다. 특히 이것은 젊은이들에게 그러합니다. 오늘날 세대는 일방적 명령 자체를 싫어하고 못 견뎌 냅니다. 그런 교육을 받지 않았기 때문입니다. 이미 말한 바 있는 예를 다시 생각해 봅시다. 오늘날 젊은이는 목사가 좌파에 대해 이러쿵저러쿵 말을 하는 순간 그 목사를 꼴통 보수로 낙인을 찍어 버립니다. 그 목사는 아마 그 젊은이의 생각을 고치려고 안간힘을 쓸 것입니다. 하지만 그럴수록 젊은이들은 교회를 더 떠날 것입니다. 이 점에서 목사는 선택을 해야 할 것입니다. 교리가 아닌 일에 목숨을 걸어야 할까요 아니면 젊은이들과 진실한 대화를 나누어야 할까요? 오늘날 목사가 비록 보수적 생각을 갖고 있다 하더라도 진보적 생각을 가진 젊은이들과 소통할 수 없다면 더는 효과적인 전도는 불가능합니다. 젊은이들에게 필요한 것은 설득이 아니라 소통이기 때문입니다.

둘째, 교회의 재미는 변화에 있습니다. 변화가 없으면 재미가 없습니다. 움직임이 없는 교회는 재미가 있을 수 없습니다. 사실 교회에서 가장 중요한 변화는 교인 수가 느는 것과 같은 가시적 변화입니다. 성도 수가 하루가 다르게 는다고 생각해 보십시오. 얼마나 큰 재미가 있겠습니까? 재미가 있으니 교인들이 더 열심히 전도하고 그러다 보니 교회가 수적 성장을 하게 됩니다. 이런 변화는 큰 교회가 작은 교회에 비해 상당한 우위를 점하고 있습니다. 그러다 보니 작은 교회도 이런 변화를 흉내 내려고 하는 경우가 많은데 다시 한 번 강조하지만 작은 교회는 큰 교회를 따라가려는 시늉이라도 해서는 안 됩니다. 어떤 외형적 프로그램을 운영하려는 순간 작은 교회는 본질적 요소를 잃어버리게 되고 성장 동력을 상실하게 됩니다.

따라서 작은 교회의 재미는 외형적인 것에서 찾으려고 해서는 안 됩니다. 결국 내면적 변화를 추구해야 합니다. 설교를 듣고 사람들의 생각이 바뀌어야 합니다. 기도를 하면서 성도들의 내면적 성품이 바뀌어야 합니다. 심방을 통해 깨진 가족

관계가 회복되어야 합니다. 언약의 자녀들이 신실하게 성장하면서 그리스도의 장성한 분량에까지 자라 가야 합니다. 작은 교회는 이런 변화들이 지속적으로 일어나게끔 노력해야 합니다. 이런 모든 변화는 프로그램으로 되는 것이 아닙니다. 그야말로 목회자의 말씀과 기도로 가능한 것입니다. 다시 한 번 강조합니다. 작은 교회가 살아남는 비법은 없습니다!

셋째, 성도들이 봉사하면서 기쁨을 얻습니다. 이것은 앞 장에서 이미 언급한 내용이니 간단하게 넘어가는 것이 좋겠습니다. 앞에서 저는 성도들이 봉사를 하더라도 의미 있는 봉사가 되도록 해야 할 필요성을 강조했습니다. 봉사를 통한 기쁨은 소통과 변화의 결과라고 할 수 있습니다. 내적 변화나 교회의 본질을 지나치게 강조하는 목사들치고 활동을 지나치게 경홀히 하는 목사들이 있습니다. 이들은 주로 둘로 나뉘는데 하나는 성경 공부에 치중하면서 교회를 학교로 만드는 그룹이고 다른 하나는 음악이나 기도를 강조하면서 교회를 공연장으로 만드는 그룹입니다. 성도들이 세상에서 살아가는 삶에 대해서는 전혀 관심이 없습니다. 따라서 성도들은 오직 교회에서만 재미를 경험할 뿐입니다.

그러나 교회가 정말로 건실하게 되기 위해서는 사회를 향한 섬김의 기쁨이 있어야 합니다. 교회에서 하나님께로부터 받은 은혜를 세상 사람들을 섬기는 일을 통해 나누어야 합니다.

이 기쁨을 봉사를 통해 나눌 때 성도들은 더욱 재미가 있게 됩니다. 주위에 사시는 노인들을 섬기고, 어린아이들을 돌보고, 가난한 이웃에게 벗이 되는 것 등. 이런 봉사를 함께할 때 서로 기뻐할 수 있습니다. 물론 이런 봉사는 큰 교회에서도 많이 합니다. 그러나 대부분의 경우 행사로 할 뿐이거나 교회 성장을 위한 수단으로 이해합니다. 그렇게 되면 그 봉사는 기쁨이 아니라 의무가 될 뿐입니다. 작은 교회는 이웃을 사랑하라는 주님의 명령을 실천하는 그 자체에서 기쁨을 누려야 합니다.

물론 이 외에도 교회는 여러 가지 재미를 추구할 수 있습니다. 어떤 재미를 추가할 것인가는 역시 정도正道에 비추어 결정해야 합니다. 그 재미가 과연 작은 교회의 체질을 강화하는 방향으로 이끌고 있습니까 아니면 약화하는 방향으로 이끌고 있습니까? 당연히 작은 교회는 전자를 따라야 합니다. 이런 재미가 있다면 작은 교회 목회는 그렇게 힘만 들고 고난만 가득 찬 목회는 아닐 것입니다. 작은 교회 목사는 작은 것에서 재미를 찾아야 하며 그럴 때 그 목회는 행복한 목회가 됩니다. 목사가 다른 것에서 재미를 찾으려고 할 때 눈을 돌려 큰 교회를 지향하려고 할 때 행복 끝 불행 시작이 될 것입니다.

교회당 시설에 대한 신학의 중요성

교회는 건물이 아니라는 말을 많이 합니다. 한편으로는 맞고 한편으로는 틀린 말입니다. 교회 건물이 교회 자체는 아니지만 그 교회의 본질이 어떤지를 보여 주는 하나의 지표인 것은 틀림없습니다. 따라서 건물과 교회는 구분되지만 완전히 분리될 수 없습니다. 예를 하나 들겠습니다. 제가 아주 잘 아는 어떤 중형 교회가 있습니다. 퍽 아름답게 전통적으로 지어졌습니다. 교회당 안에는 매우 훌륭한 파이프 오르간이 설치되어 있습니다. 아무나 예상할 수 있듯이 교회 담임 목사는 아주 전통적 신학을 가진 목사였습니다. 그런데 그 교회 목사가 은퇴하고 나서 새로운 목사가 부임했는데 이분은 훨씬 자유스러운 목사였습니다. 예배 시간에 찬송을 조금 빠르게 부르고 박수를 치면서 부르기를 원했습니다. 하지만 그것은 불가능한 일이었습니다. 예배당 건물이 아주 높았고 파이프 오르간에 맞추어 박수를 치는 것도 너무 어색한 일이었습니다. 처음에는 찬송의 리듬이 빨랐으나 시간이 지나면서 처질 수밖에 없었습니다. 제 생각에는 담임 목사가 건물에 대한 이해가 없는 것 같았습니다. 담임 목사가 예배를 건물에 맞추든지 아니면 건물을 완전히 리모델링하여 예배에 맞추든지 선택을 해야 합니다.

작은 교회나 개척 교회 목사는 건물에 대해 고민할 필요가 없다고 생각할 것입니다. 선택의 여지가 거의 없기 때문입니다. 그러나 제가 보기에 그렇지 않습니다. 목사들은 대부분 작은 교회에 맞는 교회 형태에 대해 별 고민 없이 교회당을 꾸밉니다. 우선 작은 교회 목사들이 가장 쉽게 저지르는 잘못은 예배실이 너무 큰 비중을 차지한다는 것입니다. 보통 70-80퍼센트 정도를 차지합니다. 할 수 있는 대로 사람을 많이 앉도록 배려하기 위함일 것입니다. 이런 점이 바로 작은 교회 목사들의 치명적 약점입니다. 또 강조하면 작은 교회는 큰 교회를 지향하려고 해서는 안 되고 작지만 바르고 좋은 교회를 만들려고 해야 합니다. 본당은 보통 예배하는 시간 외에는 거의 사용하지 않습니다. 더구나 그 시간은 성도들이 함께 앉아 있기만 할 뿐입니다. 그렇다면 예배실 공간을 대폭 줄이고 다른 공간을 확장해야 합니다. 그래서 교회 공간을 성도들이 교제하는 데 더 편하고 잘할 수 있도록 구성해야 합니다.

제가 방문한 작은 교회들은 대부분 부엌 시설이 너무 열악했습니다. 어떤 곳은 예배실은 육십 평 정도 되는데 부엌은 베란다에 설치되어 있는 곳도 있었습니다. 겨울에는 춥고 여름에는 더울 수밖에 없었습니다. 공간도 너무 협소하여 한 명만 들어가서 일할 수 있을 정도였습니다. 더구나 보기에도 엄청 지저분해 보였고 일단 그곳에 들어가고 싶은 생각이 들지 않았습니다. 부엌일은 교회 일 중에서도 별로 하고 싶지 않은 일에 속합니다. 그런데 시설마저 제대로 해 두지 않으면 누가 그곳에서 즐거운 마음으로 일을 하겠습니까? 부엌을 아름답고 깨끗하게 꾸며서 유아실이나 성경 공부방과 함께 사용할 수 있는 방법을 모색해야 합니다.

작은 교회는 절대로 장의자를 사용하면 안 됩니다. 장의자는 작은 교회의 장점인 유연성을 살릴 수 없게 만듭니다. 사실 장의자가 모양도 좋고 예배 분위기도 좋게 만드는 장점이 있습니다. 서너 개 정도는 사용할 수 있을 것입니다. 그러나 의자를 모두 장의자로 비치하게 되면 예배당을 다른 용도로 사용하기가 대단히 불편합니다. 개별 의자를 사용하면 예배실을 쉽게 친교, 회의, 식사 장소로 바꿀 수 있을 뿐 아니라 교인 수 증가에 따라 의자를 쉽게 추가 주문도 할 수 있습니다.

작은 교회에 불필요한 비품들이 의외로 많은 것을 보았습니다. 대표적인 것은 스크린입니다. 스크린은 작은 교회가 아니라 대형 교회를 위한 시설물입니다. 멀리 있는 목사님 얼굴이 보이지 않으니까 설치해 둔 것인데 요즘에는 작은 교회도 스크린을 사용합니다. 목사와 직접 나누는 교제가 작은 교회의 가장 큰 장점인데 이것을 약화하고 있는 것입니다. 그 외에는 드럼, 음향 기기, 스피커, 보면대, 이와 연관된 부대 비품들이 예배실 전면 공간을 상당히 차지하고 있습니다. 이것들을 철저하게 정돈하지 않으면 너무 지저분하고 무질서하게 보입니다. 아마 이 모든 것이 필요하다고 생각할지 모르겠습니다. 그러나 필요하기 때문에 무분별하게 도입하면 나중에 교회가 무질서하게 됩니다. 모든 것이 가하나 모든 것이 유익하지는 않다는 성경적 진리를 목사들은 항상 명심해야 합니다(고전 10:23 참고). 결국 목사는 교회 운영에 대한 확고한 원칙이 있어야 하고 그 원칙에 따라 교회당을 구성해야 합니다. 그리고 그 구성에 대한 가장 중요한 원칙은 정도正道입니다.

••• 더 깊은 공부와 나눔을 위한 질문 •••

1. 지은이가 지역 교회 수요 기도회에 참석하면서 발견한 공통점들을 읽은 후, 자신의 교회는 어떠한지 되돌아보고 우리 교회는 어떻게 하면 좋을지 나눠 봅시다.

2. "비전"이라는 단어를 어떻게 이해하고 있는지 나눠 봅시다.

3. 지은이는 비전이라는 말을 아예 쓰지 말고 어떤 용어를 사용하기를 권하고 있습니까?

4. 작은 교회가 성장하기 위한 가장 중요한 비전(소명)은 무엇입니까?

5. 목사의 비전(소명)은 무엇이 되어야 한다고 지은이는 강조합니까?

6. 참된 비전(소명)은 무엇입니까?

7. 작은 교회의 재미는 외형적인 것에서 찾으려고 해서는 안 됩니다. 결국 무엇을 추구해야 합니까?

8. 우리교회 예배당 모습과 여러 가지 비품들을 되돌아보고 나눠 봅시다.

9. 지은이가 말한 부분 말고 작은 교회를 아주 바르고 좋게 만드는 방법에는 어떤 것이 있는지 진지하게 고민하고 나눠 봅시다.

〈5장 정도正道의 실세적 직용〉을 읽으면서 하나님께서 깨닫게 해 주신 것과 베풀어 주신 은혜를 생각하며 감사합시다. 또 깨달아 배우고 확신한 일에 거할 수 있게 해 달라고 기도합시다.

6장

작은 교회 목사들이 종종 착각하는 것들

- 작은 교회 목사는 소신 있게 목회할 수 있다?
- 시키면 잘하겠지?
- 교회가 성장하지 않는 것은 주위 환경 탓?
- 가정이 희생당하는 것은 어쩔 수 없다?
- 나는 바로 하기만 하면 되고 교회가 성장하는 것은 하나님 몫이다?

- 더 깊은 공부와 나눔을 위한 질문

6장

작은 교회 목사들이 종종 착각하는 것들

큰 교회 목사든 작은 교회 목사든 상관없이 목회를 하면서 실수를 하기 마련입니다. 실수를 하지 않는 완벽한 목사는 이 세상에 존재하지 않습니다. 따라서 중요한 것은 실수를 줄이는 것입니다. 목사가 아무리 신실해도 실수를 여러 번 하다 보면 성도들에게서 신뢰감을 상실하게 됩니다. 신뢰감을 상실한 상황에서는 제대로 된 의사소통이 불가능하게 되고 점점 더 서로 오해가 쌓여서 마침내 성도들이 교회를 떠나든지 아니면 목회를 그만두는 상황이 종종 벌어집니다. 이 장에서는 작은 교회 목사들이 종종 실수하는 것들을 살펴보고자 합니다.

작은 교회 목사는 소신 있게 목회할 수 있다?

적지 않은 사람들이 작은 교회 목사들이 큰 교회 목사들보다 소신 있게 혹은 교인들의 간섭 없이 목회를 할 수 있다고 생각합니다. 자기가 하고 싶은 대로 목회하겠다고 하는 것이야말로 개척 교회 목사가 갖는 가장 큰 어리석음입니다. 물론 그런 경우가 없는 것은 아니지만 일반적으로 이것은 사실이 아닙니다. 적어도 교회가 건실하게 성장하기를 원한다면 교회를 목사 중심으로 이끌어 가서는 안 됩니다. 오히려 작은 교회 목사일수록 교인들 한 사람 한 사람의 의견에 귀 기울여야 합니다. 따라서 작은 교회라 해서 목사가 자기 마음대로 할 수 있다는 생각은 작은 교회의 속성을 전혀 모르는 발상입니다.

큰 교회는 당회가 있어서 목사가 장로들의 간섭을 많이 받는 것은 사실입니다. 일반적으로 당회에서 오는 스트레스는 목사들에게 가장 큰 짐 중 하나입니다. 그러나 이런 스트레스가 작은 교회라고 해서 없는 것은 아닙니다. 작은 교회의 경우 장로는 없지만 성도 한 사람 한 사람이 다 장로라고 할 수 있습니다. 차이점은 큰 교회의 경우 목사가 자신의 의견을 들어주지 않았다고 장로가 그 교회를 떠나는 경우는 거의 없지만 작은 교회의 경우 성도들은 목사가 자신의 의견을 존중하지 않는다고 판단하면 그 교회를 쉽게 떠납니다. 성도의 입장에서 보았을 때 자기 의견이 무시당한다는 느낌을 받게 되면 그 교회를 가야 할 이유가 없습니다. 그렇기 때문에 작은 교회 목사가 오히려 성도들의 눈치를 보지 않을 수 없습니다. 목사를 가장 힘들게 하는 성도는 목사를 미워하며 큰소리치는 성도가 아니라 조용히 말 없이 떠나는 성도들입니다.

목사가 소신 있게 목회를 해야 하겠지만 이것이 실제로 가능하기 위해서는 시간을 많이 투자해야 합니다. 자신의 소신을 무조건 밀어붙인다고 훌륭한 목사가 아닙니다. 훌륭한 목사는 자신의 소신을 교회에 효과적이고 성공적으로 실현하는 사람입니다. 그러기 위해서는 자신의 소신에 대해 스스로 확신해야 할 뿐만 아니라 성도들에게 소신을 정확하게 잘 설명해야 하고 설득해야 하며 공감을 얻어야 합니다. 하지만 이것은 상당히 인내해야 하는 일입니다. 자신의 의견이 성경에서 명한 것이니까 무조건 성도들이 따라와야 한다고 생각하면 그 목사는 성도를 주님의 제자로 삼는 것이 아니고 자신의 추종자를 만들어 낼 뿐입니다.

앞에서 제가 쓴 글을 읽은 사람 중 감동을 받은 어떤 목사는 성찬을 예배 시간에 매주 실시해야겠다고 결심할 것입니다. 그러나 그것을 당장 다음 주부터 시행한다면 어떻게 되겠습니까? 목사가 한다고 하니 성찬식을 매주 시행은 하겠지만 성찬을 제내로 이해하지 못한 성도들에게는 거의 실제적 유익을 주지 못할 것입니다. 적어도 새 제도를 시행하기 전에 목사가 스스로 성찬에 대한 공부를 깊이 해야 합니다. 그러고 나서 성찬에 대한 설교를 여러 차례에 걸쳐서 성도들에게 하고, 성경 공부를 통해서도 반복적으로 교육을 해야 합니다. 최종적으로 모든 성도가 충분히 공감을 한 후에 매 주일 성찬을 실시할 수 있을 것입니다. 이것은 한 예지만 모든 사안에 적용할 수 있습니다.

예를 하나 더 들어 보겠습니다. 저는 시편 찬송이 예배에서 성찬과 더불어 필수라고 생각합니다. 하지만 바로 시작하지 않았습니다. 가장 먼저 한 것은 시편에 대해 설교를 하는 것이었습니다. 제가 스스로 이 설교를 통해 은혜를 많이 받았습니다. 그리고 일 년이 넘게 점심시간에 다 같이 시편 찬송을 배웠습니다. 그리고 어느 정도 충분히 성도들이 시편 찬송에 익숙해지자 예배 시간에 시편 찬송을 도입했습니다. 아직도 성도들이 모두 이 찬송에 완전히 익숙한 것은 아니지만 이제 거부감을 가지지는 않습니다.

정리하면 작은 교회일수록 모든 성도와 마음을 같이해야 합니다. 이 교훈은 중형 교회에서 성공적으로 목회를 하다가 작은 교회를 개척하여 비교적 짧은 기간 안에 안정적인 교회를 운영하고 있는 목사님께 배운 것입니다. 그분은 "교회 개척에서 가장 중요한 것은 무엇입니까?"라는 제 질문에 "모든 성도와 하나 되는 것"이라고 답했습니다. 큰 교회를 운영할 때는 각 부서 대표자들과 의견을 조율하면 되었는데 작은 교회에서는 모든 성도와 하나가 되어야 했습니다. 큰 교회 운영은 행정적이고 작은 교회 운영은 목회적이라고 할 수 있는데 바로 이 이유 때문에 그 목사는 큰 교회를 떠나서 작은 교회로 옮긴 것입니다.

성도들과 하나 되기 위해서는 여러 가지 방식이 있을 수 있습니다. 하나는 목사의 생각대로 교회를 운영하는 것이고 다른 하나는 성도의 방식대로 운영하는 것입니다. 그런데 목사들은 대부분 목사의 생각대로 교회를 운영하는 것이 옳다고 생각하는 경향이 있습니다. 그 논리 중 하나는 "목사보다 교회를 더 생각하는 사람이 누가 있느냐?" 하는 것입니다. 또한 "목사는 모든 결정에 책임을 져야 하지 않는가?" 하고 반문합니다. 이 주장이 아주 틀린 것은 아니지만 더 중요한 것을 놓치고 있습니다. 이른바 진리 문제가 아닌 한 "성도들의 마음과 진정으로 하나 되는 것"이 더 중요합니다. 목사들은 모든 결정을 하는 데 옳고 그름을 논하기 전에 과연 자신의 결정이 성도들과 하나 됨을 증진했는가를 끊임없이 질문해야 합니다. 그렇다면 작은 교회 목회의 시작은 목회자의 소신을 버리는 것에서 출발해야 합니다. 성도들과 하나 됨을 위해 자신의 소신을 버리지 못하면 그 작은 교회는 살아남기가 결코 쉽지 않습니다.

시키면 잘하겠지?

작은 교회 목사들의 한결같은 고민은 교회 안에 일꾼이 적다는 것입니다. 그러다 보니 직분자에 대한 관심 자체가 없는 경우가 많고, 그러다 보니 상당수의 목사들이 직분에 대한 기본적 개념 자체도 잘못 정리되어 있는 경우가 많습니다. 그리고 이 부분에 대해 제대로 연구를 하지 않습니다. 그 결과 직분론을 성도들에게 제대로 가르치지 않습니다. 그러나 제가 보기에 정말 작은 교회가 계속 살아남기 위해서는 올바른 직분론이 필수입니다. 말씀 선포가 교회의 토대라면 직분은 말씀의 토대 위에서 교회를 지탱하는 기둥이라고 할 수 있습니다.

직분론을 여기에서 다 다룰 수 없지만 작은 교회와 관련하여 가장 기본적인 것만 다루겠습니다. 여기서 말하는 직분은 장로와 집사와 같은 항존직뿐 아니라 주일 학교 교사나 피아노 반주자와 같은 다른 직분들도 다 포함하는 넓은 개념입니다. 직분을 이해하는 데 가장 기본적인 사실은 모든 직분은 하나님께서 주시는 선물이라는 사실입니다. 그런데 작은 교회 목사들은 자신이 직분자를 세웠다고 착각하는 경우가 많습니다. 겉으로 보면 그것은 사실이라고 할 수도 있습니다. 한 사람을 전도해서 가르치고 훈련시켜서 직분자를 세울 때까지 거의 목사가 모든 일을 다 하는 경우가 얼마나 많습니까? 그러다 보니 목사도 스스로 자기가 세웠다고 생각하기가 쉽습니다. 그 새 직분자가 제대로 된 사람이라면 별 문제가 없겠지만 만약 그것이 사실이 아니라면 그 목사는 목회를 그만두어야 할 정도로 심각한 상황에 처할 수 있습니다.

목사가 직분자를 세울 때 쉽게 저지르는 치명적인 실수 중 하나는 자기 말을 잘 따르는 사람을 세우는 것입니다. 물론 당장에는 그것이 목회에 편할 수 있습니다. 하지만 장기적으로 보았을 때 그것은 결코 바람직하지 않습니다. 일단 목사가 한 사람에게 너무 많이 의존하게 됩니다. 서로 사이가 좋을 때는 문제가 없지만 사이가 나쁘게 되면 목사를 반대하는 데 가장 앞에 서게 됩니다. 그런 사람들은 목사의 좋은 점뿐만 아니라 좋지 않은 점도 잘 알고 있기 때문에 관계가 깨질 때 목사는 너무 큰 곤경에 처하게 됩니다. 따라서 직분자를 세울 때 목사도 그 사람이 하나님께서 세우신 자인지를 정말 신중하게 판단해야 합니다.

작은 교회 목사는 일꾼이 적기 때문에 준비가 되지 않거나 적합한 은사를 가지지도 않았는데 직분자로 쉽게 세웁니다. '일단 시키면 잘하겠지!'라는 생각으로 준비가 되지 않은 신자들에게 봉사하는 일을 하게끔 강제합니다. 물론 처음부터 교회 일을 잘하는 사람은 없습니다. 그러나 그렇다고 해서 많은 경험이 있다고 잘하는 것은 아닙니다. 어떤 사람은 섬기는 일은 잘하지만 가르치는 일은 잘하지 못하는 경우가 적지 않습니다. 그런 사람에게는 아무리 교사를 시켜서 봉사하게 하더라도 은사가 없기 때문에 좋은 결과가 나올 수 없습니다. 목사는 성도들의 은사를 정확하게 파악해야 하고 그 은사에 따라 봉사하게 할 때 교회가 건강하게 바로 자랄 수 있습니다.

교회가 성장하지 않는 것은 주위 환경 탓?

작은 교회는 여러 가지 엄청난 어려움을 갖고 있습니다. 어려운 점을 들라고 하면 한이 없을 것입니다. 작은 교회 목사들과 이야기를 나누다 보면 의외로 자신의 단점을 정확하게 파악하고 있는 경우가 거의 없습니다. 정확하게 파악한다고 해서 고치려고 노력하는 경우는 더욱 찾기 힘듭니다. 특히 자신이 하는 설교에 문제가 있다고 생각하는 경우는 거의 없었습니다. 교회가 어려운 이유가 재정이 없어서, 성도들이 노력을 하지 않아서, 교회 위치가 좋지 않아서 등의 이유를 댑니다. 문제의 본질을 제대로 파악하지 못하니 정력을 전혀 엉뚱한 곳에 쏟는 경우가 많습니다. 이 책을 읽는 목사 중 정말 다시 새롭게 목회를 해야 할 마음이 생긴 분이 있다면, 가장 먼저 해야 할 일은 정말 목회를 잘하고 있는 신실한 선배 목사를 찾아가서 정기적으로 조언을 듣는 것입니다.

이를 위해 작은 교회 목사는 입장을 거꾸로 생각해 볼 필요가 있습니다. 자신을 스스로 제대로 평가할 수 있어야 합니다. "내가 정말 설교 준비를 제대로 하고 있고 잘하고 있는가?" "내가 정말 모든 관심을 성도들에게 쏟고 있는가?" "내가 정말 사람들이 사귀고 싶어할 만한 좋은 사람인가?" "나는 일주일 동안 어디에 시간을 가장 많이 쏟고 있는가?" 혹시 텔레비전 시청이나 인터넷에 시간을 너무 많이 허비하지 않았는지, 자기가 좋아하는 취미나 오락에 지나친 관심을 쏟지 않았는지를 점검해야 합니다.

작은 교회 목사들에게 잔인하게 들릴지 모르겠지만 작은 교회가 성장하지 않는 이유를 주위 환경에서 찾아서는 안 됩니다. 특별히 그 이유를 성도들에게서 찾아서는 안 됩니다. 성도들이 몰라서 교회 봉사에 열심을 내지 않는 것이 아니기 때문입니다. 더 나아가 작은 교회에게 환경이 유리한 적은 한 번도 없었고 앞으로도 없을 것입니다. 또한 작은 교회에 불리한 환경들을 바꾸는 것은 거의 불가능합니다. 바꿀 수 있는 것은 자기 자신입니다. 부단히 노력하면 목사는 자신이 하는 설교를 바꿀 수 있고 기도를 바꿀 수 있고 성품을 바꿀 수 있습니다.

목사 자신이 변화하기 위해 가장 좋은 방법 중 하나는 설교를 듣는 것입니다. 목사는 설교를 하는 사람이기 때문에 자신이 설교를 들어야 하는 존재라는 것을 종종 잊어버립니다. 설교를 듣기는 하지만 자신의 변화를 위해 듣는 것이 아니라 설교 거리를 얻기 위해 듣는 경우가 많습니다. 제가 신학 교수로서 여러 교회를 방문하여 설교를 많이 하지만 설교에 가장 은혜를 받지 못하는 사람은 그 교회의 목사인 경우가 많습니다. 목사가 감동을 받는 경우는 종종 있지만 회개하는 경우는 거의 없습니다. 목사가 말씀으로 은혜를 받고 회개한 경험이 없는데 어떻게 그 목사가 성도들을 회개하게 할 수 있겠습니까?

그렇다면 목사에게 있어야 할 중요한 자질은 "배우려는 마음"입니다. 적어도 언제든지 찾아가서 상담할 수 있는 신학 교수나 선배 목사가 한 명쯤은 있어야 하고 교회사에서도 한 명쯤 있어야 합니다. 아우구스티누스Augustinus, 존 칼빈, 존 오웬John Owen, 조나단 에드워즈Jonathan Edwards와 같은 인물들은 언제나 우리에게 영적 통찰을 줄 수 있는 영적 거성입니다. 이 모든 분이 있을지라도 사모만큼 목사에게 좋은 멘토는 없습니다. 왜냐하면 사모는 하나님께서 목사에게 돕는 배필로 마련해 주신 존재기 때문입니다. 만약 목사가 사모에게서 배우려는 마음이 있다면 그 목사는 정말 훌륭한 목사라고 저는 믿습니다.

가정이 희생당하는 것은 어쩔 수 없다?

제가 보기에 작은 교회 목사들은 가족의 희생을 당연하게 생각합니다. 당연하게 생각하지 않더라도 교회 부흥을 위해서는 어쩔 수 없다고 봅니다. 이런 생각 때문에 수많은 작은 교회의 사모들이 남모르는 고통을 감내하면서 불쌍한 삶을 살아가고 있습니다. 작은 교회 목회자들의 자녀들이 일반적으로 건전하게 성장하지 못하는 것도 참으로 안타까운 현실입니다. 그러다 보니 목회자의 가정이 튼튼하지 못한 경우가 의외로 많습니다. 목회가 어렵다 보니 서로 다투는 일도 많고 심지어 목사가 사모와 자녀들에게 폭언 더 나아가 폭력을 행사하는 경우도 적지 않습니다.

간단히 말해 그런 식으로 목회를 하는 목사들은 목사로서 자격이 없다고 보아야 합니다. 디모데전서 3장에 따르면 목사는 감독으로서 "한 아내의 남편"(2절)이 되어야 하고 "자기 집을 잘 다스려 자녀들로 모든 공손함으로 복종하게 하는 자"(4절)여야 합니다. 바울 사도의 말씀과 같이 어떻게 자기 집을 다스릴 줄 알지 못하는데 하나님의 교회를 돌볼 수 있겠습니까? 이 말씀을 더 구체적으로 적용한다면 목사는 목회를 가정에서 시작해야 합니다. 비록 가난하더라도 정말 행복한 가정의 모습을 이루어서 복음으로 사는 것이 어떤 것인지를 성도들에게 보여 주어야 합니다. 목사의 행복한 가정이야말로 가정이 파괴되어 가는 오늘날 현대 사회에서 가장 강력한 복음 증거가 될 수 있습니다.

목사는 사모의 고통을 정말로 이해해야 합니다. 사모가 겪는 가장 큰 고통은 육체적 고통이나 재정적 고통이 아닙니다. 제 개인적 경험에 따르면 사모들이 겪는 가장 큰 고통은 목사의 설교입니다. 자신은 정말 교인들을 위해 열심히 청소도 하고 음식도 장만했는데 정작 남편은 설교 준비를 대충하고 설교도 실제로 형편없다면 그것만큼 큰 고통도 없습니다. 목사들도 설교에 스트레스를 받지만 사모들도 그에 못지않게 스트레스를 받는다는 것을 목사들은 명심해야 합니다.

문제는 사모야말로 설교에서 은혜를 받기가 쉽지 않다는 것에 있습니다. 사모는 목사의 모든 사생활을 다 알고 있습니다. 어떻게 쉽게 은혜를 받을 수 있겠습니까? 지금 이 글을 읽고 있는 목사들은 자신의 설교에 대한 평가 기준을 바꾸어 보기를 권면합니다. 좋은 설교는 자신이 생각하기에 좋은 설교가 아닙니다. 제 설교의 기준은 아주 분명합니다. 만약 집사람이 좋았다고 하면 저는 설교 사역에서 성공했다고 생각하고 그렇지 않다고 하면 미흡했다고 평가합니다. 물론 이것이 절대 기준이 될 수 없습니다. 그러나 분명한 것은 사모가 목사에게서 말씀의 은혜를 공급받아야 기쁨으로 그 모든 봉사의 짐을 질 수 있다는 것입니다. 말씀을 통한 위로를 공급받지 못하는데 어떻게 계속해서 일방적 희생만 할 수 있겠습니까?

목사 입장에서 자신과 사모의 관계에서 가장 힘든 점은 사모의 잔소리입니다. 목사의 가정은 성도들과 달리 아주 독특한 점이 하나 있습니다. 그것은 바로 직장과 교회가 분리되어 있지 않다는 것입니다. 교인들과 달리 목회자의 경우 사모가 직장(교회)에서 일어나는 일을 다 알고 있습니다. 앞에서 말한 목회자의 가장 큰 사역인 설교가 대표적 예라고 할 수 있습니다. 특히 여 성도들에게 일어나는 일은 사모가 목사보다 더 잘 알고 있는 경우도 많습니다. 직장과 교회가 분리되어 있지 않으니 갈등 요소가 훨씬 커집니다. 이것은 작은 교회일수록 더욱 심합니다. 큰 교회의 경우 사모가 교회 일을 잘 모르는 경우가 많지만 작은 교회는 사모의 비중이 막중할 뿐 아니라 교회의 거의 모든 상황을 잘 알고 있기 때문입니다.

작은 교회에서 목사와 사모의 관계를 어떻게 설정할 것인가에 대한 답은 없습니다. 교회마다 상황이 매우 다르기 때문입니다. 중요한 것은 역할 분담을 분명히 해야 한다는 것입니다. 사모가 교회 일을 하지 않을 수 없는 상황이라면 목사는 사모를 자신의 파트너로 인정하고 존중해야 합니다. 경우에 따라서는 사모의 잔소리도 들을 준비를 해야 합니다. 물론 목사에게 이것은 보통 힘든 일이 아닙니다. 목사만큼 자존심이 강한 사람들도 드물기 때문입니다. 그러나 확실한 것은 사모의 도움 없이 목회가 제대로 되는 경우는 거의 없다고 보아야 합니다. 아니요, 사모와 좋은 관계를 유지하지 못하는 것 자체가 실패한 목회입니다.

나는 바로 하기만 하면 되고 교회가 성장하는 것은 하나님 몫이다?

개척 교회를 제대로 하고자 하는 목사들 중 오직 말씀대로 하는 것에만 집중하고 교회 성장은 하나님께서 하실 일이니 전혀 상관하지 않는 분들이 간혹 있습니다. 목회자의 사명은 바울과 아볼로처럼 심고 물만 주는 것이고 자라나게 하시는 것은 하나님이시라는 점을 그 목사들은 강조합니다. 당연히 이들은 교회가 성장하는 방법에 대해 이야기하는 것 자체를 매우 부정적으로 바라봅니다. 우선 저는 이런 분들을 대단히 존경한다는 점을 먼저 밝히고 싶습니다. 개척 교회를 해서 몇 년 만에 대형 교회로 키워 보겠다는 허황된 꿈을 꾸는 목사들보다는 훨씬 훌륭하기 때문입니다.

그 목사들의 주장이 아주 성경적인 것 같지만 그럼에도 저는 그 목사들의 생각이 사실은 그렇지 않을 수도 있다는 점을 지적하고자 합니다. 일반적으로 그 목사들은 성경이 해야 한다고 하면 무조건 해야 한다는 정신을 갖고 있습니다. 그리고 이런 생각을 어떤 경우에는 종종 극단적으로 끌고 갑니다. 대구에 있었던 한 개혁교회를 예로 들겠습니다. 개혁신학에 따르면 목사, 장로, (안수) 집사가 있어야 온전한 의미에서 교회라고 할 수 있습니다. 그런데 그 교회는 교인 수가 몇 명 되지도 않았음에도 온전한 교회를 설립하기 위해 그중 두 명을 각각 장로와 집사로 세웠습니다. 이것은 신앙을 떠나서 상식적인 수준에서 생각해 보아도 말도 안 되는 일입니다.

예를 하나 더 들겠습니다. 개혁교회는 일반적으로 어른과 어린이가 같이 예배를 드립니다. 그러나 중요한 것은 같이 예배드리는 것 자체가 아닙니다. 만약 어른과 학생들이 예배를 같이 드리는데 목사의 설교가 너무 어려워서 학생들이 알아듣지 못하거나 지루하다면 그 예배가 무슨 의미가 있겠습니까? 또한 찬송도 시편 찬송을 불러야 하기 때문에 부르기 힘든 곡을 어린이들에게 강요해서 어린이들이 즐거워하지 않는다면 같이 예배드리는 것이 무슨 의미가 있겠습니까? 그것마저도 하나님께서 알아서 하실 것이라고 변명해야 하겠습니까? 제가 목회하는 교회도 어린이들이 같이 예배를 드립니다. 그렇기 때문에 저는 설교를 쉽게 하려고 부단히 노력합니다. 시편 찬송을 부르지만 시편 찬송 중에서 가장 부르기 쉬운 것을 선택하여 사용하고 있습니다.

이 점에서 우리는 모든 것이 가하나 모든 것이 유익하지 않다(고전 6:12 참고)는 사도 바울의 지적을 겸허히 받아들여야 합니다. 교회 성장은 하나님께 달려 있다는 것을 저는 전적으로 인정합니다. 우리가 해야 할 일은 심고 물을 주는 것이라는 것도 전적으로 인정합니다. 이 책에서 저는 과연 목회자들이 제대로 심고 있는가, 제대로 물을 주고 있는가를 질문하는 것입니다. 어떤 나무는 깊게 심어야 하고 어떤 나무는 얕게 심어야 합니다. 어떤 식물은 물을 많이 주어야 하고 어떤 식물은 물을 많이 주면 병들어 죽게 됩니다.

따라서 바른 말씀을 전하는 것도 중요하지만 바른 말씀을 바르고 적절하고 효과적으로 전달하는 것도 중요합니다. "나는 전하기만 하면 된다."는 생각은 아주 무책임한 말이 될 수도 있습니다. 과연 제대로 말씀을 전했는지를 어떻게 알 수 있겠습니까? 설교 준비 열심히 해서 그냥 원고 그대로 잘 읽었다고 해서 말씀을 잘 전했다고 할 수 있겠습니까? 정말 말씀을 제대로 전했다면 아무 열매가 없을 수 있겠습니까? 적어도 개혁주의 신학을 받아들인다면 예정론을 믿을 것입니다. 그리고 예정된 사람에게 복음을 전하면 반드시 그 사람이 교회로 올 것이라는 것도 믿을 것입니다. 십 년이 넘도록 교회에서 말씀을 열심히 전했는데 교회의 신도 수가 증가하지 않는다면 정말로 말씀을 제대로 전했는지 스스로 겸허하게 반성을 해야 합니다. 정말 자기 자신이 제대로 심었는가, 제대로 물을 주었는가를 깊이 성찰해야 합니다. 심지어 자신이 과연 하나님께서 그 교회로 부르신 말씀 사역자인지를 진지하게 질문해야 합니다. 교회가 성장하지 않으면 바르게 목회했다는 사실 자체에서 위로를 받을 것이 아니라 정말 자신이 부족하다는 것을 안타까워하면서 가슴을 치는 것이 참된 목회자의 모습입니다. 하나님께서는 우리에게 말씀만 주신 것이 아니라 이성과 지혜도 주셨습니다. 그렇다면 이성과 지혜도 올바로 사용하는 것이 참된 목회자의 의무입니다.

••• 더 깊은 공부와 나눔을 위한 질문 •••

1. 교회가 건실하게 성장하기를 원한다면 교회를 어떻게 이끌어야 합니까?

2. 훌륭한 목사는 자신의 소신을 교회에 효과적이고 성공적으로 실현하는 사람입니다. 그러기 위해 목사는 어떻게 해야 합니까?

3. 작은 교회일수록 목사는 모든 성도와 무엇을 같이해야 합니까?

4. 직분을 이해하는 데 가장 기본적인 사실은 무엇입니까?

5. 목사는 직분자를 세울 때 어떻게 세워야 합니까?

6. 목사 자신이 변화하기 위해 가장 좋은 방법 중 하나는 무엇이라고 지은이는 말합니까?

7. 목사에게 있어야 할 중요한 자질은 어떤 미덕입니끼?

8. 작은 교회에서 목사와 사모의 관계를 어떻게 설정하는 것이 좋은가를 자신이 속한 교회를 되돌아보고 나눠 봅시다.

9. 하나님께서는 우리에게 말씀만 주신 것이 아니라 이성과 지혜도 주셨습니다. 그렇다면 이성과 지혜도 올바로 사용하는 것이 참된 목회자의 의무입니다. 자신은 어떤 목회자인지 되돌아보고 나눠 봅시다. 목회자가 아닌 성도라면 담임 목사와 교회를 위해 다시금 무릎 꿇고 기도합시다.

〈**6장 작은 교회 목사들이 종종 착각하는 것들**〉을 읽으면서 하나님께서 깨닫게 해 주신 것과 베풀어 주신 은혜를 생각하며 감사합시다. 또 깨달아 배우고 확신한 일에 거할 수 있게 해 달라고 기도합시다.

무엇을 어떻게 준비해야 할 것인가

- 자신을 먼저 준비하라
- 멘토가 필요하다
- 해당 지역(사역)을 사랑하라
- 예배당 준비
- 더 깊은 공부와 나눔을 위한 질문

7장

무엇을 어떻게 준비해야 할 것인가

이유야 어찌 되었든 (개척에 대한 비전이 있든 아니면 어쩔 수 없이 개척에 뛰어들었든) 개척 교회를 하기 위해서는 준비를 해야 합니다. 그런데 상당수의 목사들은 준비가 전혀 없이 (용기나 배짱만으로) 혹은 제대로 준비를 하지 않고 교회 개척에 뛰어듭니다. 당연히 그런 교회는 제대로 성장할 리가 없습니다. 개척 교회를 시작하기 위해서 무엇을, 어떻게 준비해야 할까요? 정말 안타깝게도 목사들이 대부분 개척 준비를 교회당 구입에서 시작합니다. 교회 본질이 건물이 아니라는 가장 기본적 사실을 알고 있으면서 막상 개척에 들어가면 이 기본적 사실을 망각합니다. 교인이 없는 교회 건물이 어떤 의미가 있겠습니까? 입장을 바꾸어 놓고 생각해 봅시다. 요즘 상황에서 어느 누가 썰렁한 상가 건물에 들어가서 어떤 목사인지 어떤 교회인지도 잘 모르는 상황에서 예배를 드리고 싶어하겠습니까?

자신을 먼저 준비하라

개척 교회의 목사들을 만나 보면 개척을 위해 제대로 준비한 사람들이 거의 없다는 것을 알게 됩니다. 이것은 너무 당연한 것이기도 한데 교회 개척을 위해 제대로 된 준비를 시키는 곳이 거의 없기 때문입니다. 있다 하더라도 체계적이지 못하고 어느 특정 한 분야에 집중하는 경우가 많습니다. 어떤 개척 교회 프로그램들은 기도를 강조하고 다른 프로그램들은 전도 방식을 강조하는 식입니다. 저는 이것들이 필요 없다는 말을 하고 싶지 않습니다. 문제는 전도를 아무리 해 오더라도 교회가 사람들을 맞이할 준비를 제대로 하지 않으면 그 많은 노력들이 물거품이 된다는 점만 지적하고 싶습니다.

개척에 뛰어들기 위해 가장 먼저 준비해야 할 것은 자신과 가족을 준비시켜야 합니다. 이것은 자신의 결단과 가족의 동의를 얻는 것 이상을 의미합니다. 물론 개척 교회를 하면서 과감한 결단이 없다면 그 교회는 자립하기가 매우 어려울 것입니다. 하지만 본인이 아무리 큰 결단을 했다 하더라도 사모가 전적으로 동의하지 않은 상황에서 목사 혼자 시작하는 것은 장기적으로 볼 때 매우 비관적입니다. 그러나 자신의 결단과 가족의 동의만으로 개척 교회를 위한 준비가 끝났다고 생각하면 오산입니다.

개척 교회를 시작하기로 결단했다면 무엇보다 작은 교회에 맞게 자신을 준비해야 합니다. 제가 알고 있는 어떤 훌륭한 목사는 큰 교회에서만 부교역자로 봉사하다가 개척에 뛰어들었습니다. 그 목사는 큰 교회에서 사역을 매우 잘 수행했지만 작은 교회에 대한 경험이 전혀 없다 보니 상당 기간 시행착오를 겪을 수밖에 없었습니다. 그것은 사모도 마찬가지였습니다. 작은 교회 경험이 없다 보니 교인들과 관계를 맺는 것이 결코 쉬운 일이 아니었습니다. 따라서 교회 개척을 정말 하기를 원하는 사람들은 무엇보다도 먼저 바르고 좋은 작은 교회를 경험하는 것이 필수입니다.

제가 또 하나 강조하는 것은 반드시 성공한 경험이 있어야 한다는 것입니다. 작은 일에 충성한 자에게 큰 것을 맡긴다는 주님의 가르침은 이 경우에도 아주 적실합니다. 부교역자로 있을 때 어떤 부서든지 그 부서를 자신의 개척 교회라고 생각하고 열심히 봉사하여 건전하게 성장시킨 경험이 있어야 합니다. 제가 아는 어떤 개척 교회 목사는 한 번도 이런 경험이 없었습니다. 가는 곳곳마다 자기가 맡은 부서들이 줄어들었습니다. 더 큰 문제는 그 목사가 그 책임이 자기에게 있지 않고 교회 교인들에게 있다고 여전히 생각한다는 사실입니다. 결국 청빙을 받지 못해서 개척에 뛰어들었으나 교회가 제대로 성장할 리가 없습니다. 그 목사는 지금이라도 아무 교회라도 가서 주일 학교 교사라도 무임으로 봉사하면서 성장하는 경험을 쌓아야 할 것입니다.

이런 관점에서 볼 때 교회 개척을 위해 가장 좋은 훈련의 장은 지금 사역하고 있는 바로 그곳입니다. 지금 당장이라도 자신이 부교역자라는 생각을 그 교회의 담임 목사가 되었다는 생각으로 그 교회에서 사역해 보십시오. 이런 마음 자세만 하나 바꾸어도 자신이 사역하고 있는 목회 현장에서 엄청난 것을 습득할 수 있으며, 그것들은 개척 교회를 세우는 데 큰 자산이 될 것입니다. 심지어 어떤 사역자들은 유년부보다는 청년부 사역을 더 선호하는 경우가 있는데 잘만 사역하면 유년부 사역이 개척 교회에 도움이 될 수 있습니다. 유년부 사역을 확대하여 학부모까지 포함하는 프로그램을 운영하면 그것은 그 자체가 하나의 개척 교회라고 할 수 있습니다. 유년부 설교를 오랫동안 제대로 하면 쉬운 설교를 잘하게 됩니다. 저는 유학 시절 유년부만 오랫동안 맡았는데 그 결과 지금은 어려운 내용을 쉽게 잘 전달하는 것이 제 가장 큰 장점이 되었습니다.

작은 교회 목사야말로 스스로 신학적 준비가 잘 되어 있어야 합니다. 많은 목사가 이 부분에 쉽게 동의하지 않는데 신학이 없는 목회야말로 작은 교회의 또 하나의 적입니다. "신학교에서 배운 것은 다 쓸데없습니다." 하는 무책임한 말을 하는 목회자들이 많은데 신학 교수로서 저는 그분들에게 정말 신학교에서 제대로 배웠는지, 배운 대로 해 보았는지, 해 보았으면 얼마나 열정적으로 해 보았는지를 질문하고 싶습니다. 개척 교회를 시작하기 전에 다시 한 번 신학교에서 작성했던 강의안을 꺼내 보십시오. 아마도 자신들이 배웠던 양에 스스로 놀랄 것입니다. 그리고 그 속에 담긴 내용에 놀랄 것입니다. 이것은 실제 제가 만났던 적지 않은 개척 교회의 목사들에게서 직접 들었던 이야기입니다. 신학교에서 학점 따기 위해 배웠던 내용들을 이제는 필요해서 읽기 시작하니 신학교에서 배운 것들이 전혀 새롭게 다가왔다는 것입니다.

작은 교회를 시작하자마자 목사들은 이런 질문들에 직면하게 될 것입니다. "무슨 내용을 설교해야 할까?" "어떻게 설교해야 할까?" "예배 순서는 어떻게 해야 할까?" "아이들에게 어떤 내용을 어떻게 교육시켜야 할까?" "심방은 어떻게 할까?" "세례 교육은 어떻게 해야 할까?" 만약 이런 질문들에 대해 신학적 정리뿐만 아니라 정리에 대한 확신이 없다면 그 목사는 십중팔구 아무런 생각이나 고민 없이 자신이 경험했던 대로 혹은 자신이 좋아하는 몇몇 모델 교회를 그대로 흉내 낼 수밖에 없습니다.

멘토가 필요하다

목사 안수를 받고 나서 목사들은 대부분 배우는 것을 중단합니다. 심지어 담임 목사도 부목사에게 설교를 지도하는 것은 그렇게 쉬운 일이 아닙니다. 담임 목사가 되면 본인이 스스로 배우려고 하지 않는 한 아무도 그 목사를 가르칠 수 없습니다. 개척 교회 목사도 엄연한 담임 목사입니다. 그러나 아무도 교회 개척에서 완벽할 수 없습니다. 그렇다면 그 목사에게는 어느 누군가 스승이 되어 주어야 합니다.

이런 문제 제기에 대해 "예수님이 가장 좋은 스승이다", "성경이 가장 좋은 교과서다", "사람 의지하지 말고 오직 예수님만 보고 목회하라."고 말하는 사람들이 있습니다. 틀린 말은 아니지만 그렇다고 맞는 말도 아닙니다. 성경에는 목회에 대한 원리만 있을 뿐이지 구체적 지침이나 세부적 지시 사항은 포함되어 있지 않습니다. 그런 것들은 자신보다 지혜롭고 경험이 많은 선배나 동료 심지어 후배들을 통해 배워야 합니다. 따라서 개척 교회 목사야말로 자신에게 조언을 해 줄 수 있는 동역자가 많이 필요합니다. 적어도 한 명 정도는 자신에게 책임 있는 조언을 해 줄 수 있는 권위 있는 교수나 선배, 동료 목사가 필요합니다.

이를 위해 스스로 조언을 즐겨 듣고 그것을 받아들이는 훈련을 평소에 해야 하고 멘토가 되는 분들과 좋은 관계를 맺어야 합니다. 좋은 관계를 맺는 가장 좋은 방법은 멘토로 삼고 싶은 목사나 교수에게 설교를 부탁하는 것입니다. 많은 경우에 개척 교회 목사들은 교수들에게 연락하는 것을 부담스러워합니다. 하지만 자신을 가르쳤던 교수들에게 설교 부탁을 해 보십시오. 교수로서 자신 있게 말할 수 있는 것은 일정이 문제지 교수들에게 사전 양해를 구하면 사례비나 교회 규모가 문제가 되는 경우는 거의 없습니다. 만약 그런 것을 문제 삼는 교수나 목사가 있다면 멘토로 삼을 이유가 없습니다. 설교하러 방문했을 때 식사 교제를 하면서 목회와 관련된 심도 깊은 대화를 나눌 수 있을 것입니다. 일단 관계가 형성되면 그다음에 연락을 하여 도움을 받는 것은 정말 쉽게 이루어질 수 있습니다. 어떤 사람을 멘토로 삼는가에 따라 그 교회의 방향이 결정된다는 사실을 작은 교회 목사들은 꼭 기억해야 합니다.

멘토는 꼭 교수나 선배 목사가 될 필요는 없습니다. 동료 목사들도 좋은 멘토가 될 수 있습니다. 사실 작은 교회 목사일수록 좋은 동료 그룹들이 필요합니다. 일반적으로 작은 교회 목사일수록 스스로 위축되는 경우가 많기 때문에 다른 모임에 참석하려고 하지 않습니다. 유엔UN 대사를 지냈던 박인국 총장은 가난의 핵심적 문제는 정보로부터 차단되는 것이고 정보의 차단이 교제의 단절에서 시작된다고 목회대학원에서 말한 적이 있습니다. 이것은 작은 교회 목사들에게도 그대로 적용할 수 있습니다. 작은 교회 목사는 가난합니다. 그렇기 때문에 이 가난이 교제의 단절 그리고 이로 말미암아 정보로부터 차단되기 쉽습니다. 그렇기 때문에 이 가난이 영구적 가난이 되지 않게 목사 스스로 노력해야 합니다.

교회 역사에서 볼 수 있는 신앙의 위인들 역시 자신에게 좋은 멘토가 될 수 있습니다. 이 점에서 작은 교회 목사들은 교회 성장학에 관한 책도 읽어야겠지만 이른바 기독교 고전을 읽을 필요가 있습니다. 신앙의 위인들은 시대와 장소를 초월하여 수많은 목사에게 지혜를 선사했습니다. 아우구스티누스, 칼빈, 에드워즈, 오웬이 지은 책을 읽어 보십시오. 단 몇 쪽만 읽어도 깊은 영적 통찰력을 얻을 수 있습니다. 모든 신앙의 위인을 자신의 멘토로 삼을 수는 없겠지만 적어도 자신이 좋아하는 인물을 한두 명 선정하여 그분들의 책을 서재 옆에 두고 필요할 때마다 참조한다면 든든한 지원군을 확보한 것이라 할 수 있습니다.

좋은 멘토 그룹이 있을 때 목사에게 가장 큰 유익은 목사가 스스로 성장할 수 있다는 것입니다. 이것은 앞에서도 제가 누누이 강조한 바입니다. 여기서 다시 강조하지만 "교회의 성장은 목사의 성장입니다." 그렇다면 목사도 가르침이 필요합니다. 가르침은 권위에 대한 순종을 전제로 합니다. 자신이 기꺼이 인정하는 교수, 선배 목사, 교회사의 거인 그리고 동료 목사들이 많을수록 그 목사는 부단히 성장할 수 있습니다. 결국 개척 교회 목사에게 필요한 가장 중요한 덕목은 겸손입니다. 이 점에서 우리는 바울이 디도에게 감독의 자격 중 하나가 "제 고집대로 하지 않는 것"(딛 1:7 참고)이라고 말한 것을 기억해야 합니다.

해당 지역(사역)을 사랑하라

모든 목사도 마찬가지지만 개척 교회 목사야말로 자기가 선택한 아니 주님께서 보내신 지역과 그 지역에 속한 사람을 사랑해야 합니다. 자기에게 맞는 지역이 따로 있을 것이라고 생각하는 순간 그 목사는 사역을 제대로 할 수 없습니다. 적어도 즐겁게 할 수는 없습니다. 자신을 과대평가하여 자신에게 적합한 목회지는 시골이 아니라 서울이라고 생각하는 목회자는 먼저 그런 생각 자체를 버려야 합니다. 심지어 어떤 목사들은 자기 지역 사람들에 대한 불만으로 가득 찬 사람들도 있습니다. 가난한 지역인 경우에는 은근히 무시하는 말투가 깔린 경우를 보게 됩니다. 그러면서 그분들은 사역이 부진한 책임을 지역이나 성도들에게 돌려 버립니다.

해당 지역을 사랑한다는 것이 구체적으로 어떻게 드러나야 할까요? 예를 들어 경상도 출신 목사가 전라도 지역에서 개척을 한다고 합시다. 전라도 사람을 사랑하지 않는데 어떻게 목회를 제대로 할 수 있겠습니까? 제가 알고 있는 목사 중에 이런 분이 있습니다. 그분은 경상도 출신이었는데 전라도 지역에 청빙을 받고 부임하면서 부단한 노력 끝에 전라도 사투리를 완벽하게 구사하게 되었습니다. 경상도 지역에서 오랫동안 자란 제가 보기에 그것은 거의 기적과 같은 일입니다. 한 걸음 더 나아가 그 지역 성도들을 위해 본인이 좋아하는 야구 팀이나(저는 스포츠를 좋아하지는 않습니다.) 심지어 지지하는 정당도 얼마든지 바꿀 용의가 있다면 그 목사는 교회를 개척할 준비가 된 것입니다.

그 지역 사람들을 사랑하기 위해서는 그 사람들을 이해하는 것에서 시작해야 합니다. 가장 기초적인 것은 도서관이나 시청에 가서 그 지역을 알리는 도서들을 섭렵하는 것입니다. 이런 작업들은 그 지역 사람들을 큰 틀에서 빠른 기간 내에 이해할 수 있게 도와줍니다. 책에서 섭렵한 지식들은 그 지역 사람들과 대화를 할 때 도움을 많이 줍니다. 요즘과 같이 바쁜 생활 속에서 사람들은 자기가 살고 있는 지역에 대해 상당히 무지한 편입니다. 불신자들에게 그 지역의 역사나 알려지지 않은 이야기를 들려주면 대화를 주도할 수 있고 그분들에게 좋은 인상을 줄 수 있습니다.

이 점에서 보수적인 목회자들은 진보적인 목회자들에게 배울 것이 있습니다. 저는 어떤 진보적인 목회를 하고 있는 목사의 서재를 보게 된 경험이 있는데 아직도 기억이 생생합니다. 그분의 서재에는 주석이나 신학 서적보다는 그 지역 역사나 현황을 알려 주는 자료집들이 훨씬 많았습니다. 비록 그 목사는 작은 교회 목사였지만 그분의 사역은 훨씬 더 풍성하게 이루어지고 있었습니다. 작은 교회 목사일수록 관심사를 키우고 넓혀야 합니다. 그런 모든 경험은 작은 교회를 풍성하게 목회하는 데 좋은 밑거름이 됩니다.

교회가 장기적으로 성장하기 위해서는 목회의 주 관심을 그 지역에 오래 있을 사람들에게 쏟아야 합니다. 지방 대도시에서 목회하는 어떤 훌륭한 목사는 우리나라 교회의 미래를 책임져야 한다고 생각하면서 젊은이들에게 에너지를 많이 쏟았습니다. 처음에는 당연히 젊은이들이 많이 모였습니다. 하지만 젊은이들이 나이가 들면서 대다수는 자신이 교회에서 배운 대로 큰 꿈을 실현하기 위해 서울로 이사하고 말았습니다. 남은 친구들은 뒤에 처진 낙오자라는 생각을 강하게 하게 되었고 교회는 급속히 노령화되었습니다. 그 이후 그 목사는 그 지역에 남아 있을 결혼한 30대에 목회를 주력했으나 이미 많이 늦은 상태입니다.

지역을 정말 사랑하는지는 개척 교회의 이름에서 금방 드러납니다. 오늘날 개척 교회들은 대부분 근사한 이름을 지으려고 합니다. 이전과 같이 지역 명칭을 사용하는 교회는 거의 없습니다. 이름도 "지구촌 교회", "세계로 교회"와 같은 식으로 짓습니다. 이 점에서 우리나라 개신교회는 지역 명을 철저하게 따르고 있는 천주교회와 너무 대조됩니다. 적어도 교회 이름의 관점에서 보았을 때 개신교회는 지역을 포기하고 있는 중입니다. 지역 사람의 사랑을 받지 못하는 교회가 과연 얼마나 오랫동안 존속할 수 있겠습니까?

따라서 목사가 교회를 개척하기 위해서는 건물을 먼저 구입할 것이 아니라 그 지역을 충분히 알 수 있을 때까지 그곳 사람들을 많이 만나야 합니다. 예를 들어 학부모로서 학교 폭력 방지 위원회에 가입하여 봉사할 수도 있고 시민단체 회원으로 활동할 수도 있고 심지어 스포츠를 좋아한다면 조기 축구회에 가입하여 인맥을 넓힐 수도 있을 것입니다. 그런 만남을 통해 자연스럽게 기회가 되면 복음을 전할 수 있게 됩니다. 요즘은 제한을 많이 받고 있지만 병원이야말로 복음을 전하기에 가장 좋은 현장입니다. 그런 현장에서 지역 사람의 영혼을 사랑하는 마음이 들게 되면 그 목사는 개척 교회를 시작할 가장 중요한 준비가 끝났다고 할 수 있습니다.

결론적으로 개척 교회 목사에게 가장 큰 유혹은 더 나은 지역이 있을 것이라는 환상입니다. 아무리 자질이 뛰어난 목사라 하더라도 그 같은 환상을 품고 있는 한 제대로 된 목회를 할 수 없습니다. 그 목사는 자기 자신을 과대평가하면서 불만 속에서 성도들을 원망하며 목회를 하게 될 것이기 때문입니다. 본인이 그 지역을 선택했을망정 궁극적으로 그 지역으로 가게 된 것은 하나님의 뜻이라고 생각해야 그런 유혹을 물리칠 수 있습니다. 그렇다면 개척 교회 준비의 첫걸음은 그 지역을 사랑하는 것에서 시작해야 합니다.

예배당 준비

이 부분에 대해 저는 그렇게 많이 쓰고 싶은 생각이 없습니다. 독자들 중에는 저보다 훨씬 좋은 지식이 있는 사람들이 많기 때문이고 이미 앞에서 건물의 신학적 의미를 말하면서 쓰고 싶은 내용은 다 썼기 때문입니다. 지금 쓰는 내용은 예배당 준비에 대해 전혀 아무 경험도 없는 분들을 위한 것입니다. 교회당이 교회의 본질은 아니지만 그렇다고 해서 전적으로 비본질적 요소는 아닙니다. 건물을 너무 성스럽게 숭상하는 것도 문제지만 건물을 순전히 실용주의적 관점에서만 보아서도 안 됩니다. 예배당 건물과 그 건물 안의 비품은 그 교회가 어떤 교회인지를 가장 가시적으로 보여 준다는 사실을 결코 무시해서는 안 됩니다.

재정적 여유가 조금밖에 없다면 상가와 같은 건물을 무리하게 구입하지 않는 것이 좋습니다. 교인들이 없다면 목사 사택에서 모임을 갖는 것이 차라리 낫습니다. 사모가 수고를 해야 하겠지만 제 경험으로 보았을 때 일이 년 정도는 무리 없이 할 수 있다고 봅니다. 어느 정도 인원이 될 때까지는 구역 예배 개념으로 모임을 이끌어 가는 것이 좋고 건물은 필요하다는 공감대가 형성되었을 때 느긋하게 구입하는 것이 좋은 조건에 건물을 임대할 수 있습니다.

가능하다면 주일날 하루만 저렴하게 예배 장소를 빌려 쓰는 것이 훨씬 경제적입니다. 제 경우에는 조그만 대안 학교(건물 자체는 오래된 개인 주택이었습니다.)를 주일날만 한 달 십만 원에 빌려서 개척 교회를 시작할 수 있었습니다. 더 나아가 그 대안 학교를 중심으로 교회를 그 지역 사람들에게 알릴 수 있었습니다. 지역을 계속 두루 다니다가 그 지역 사람들과 교제를 오래하다 보면 쉽지는 않겠지만 그런 건물들을 구입할 수 있습니다. 물론 교회가 자체 건물을 보유할 때까지는 주중에는 전체 모임을 하지 말고 구역별로 모임이 활성화되도록 목사가 지도를 해야 합니다.

건물이 필요하다는 공감대가 생기면 그때부터 건물을 알아보기 시작합니다. 이때부터 목사들은 정말 우리나라에 교회가 많다는 것을 피부로 느끼게 될 것입니다. 어떤 경우에는 '이렇게 교회가 많은데 내가 꼭 개척을 해야 하는가?' 하는 생각도 들 것입니다. 그렇기 때문에 개척을 하려는 목사는 자신이 꼭 개척을 해야 하는 이유에 대해 분명한 소명감이 있어야 합니다. 교회가 그렇게 많지만 참된 교회를 찾아 헤매는 교인들도 엄청나게 많기 때문입니다. 제가 알고 있는 어떤 성도는 자신이 섬기고자 하는 교회를 이 년 동안 찾아다녔습니다.

일반적으로 건물 주인은 자기 건물을 교회당으로 빌려 주는 것을 원하지 않습니다. 건물 주인이 불신자인 경우 더욱 그러합니다. 불신자들에게 교회는 무엇보다 시끄러운 곳입니다. 제 경우 계약 마지막 단계에서 거절되는 경우가 많았습니다(중개상은 처음에는 어떤 용도로 쓸 것인지 말을 하지 않았습니다). 제가 건물 주인에게 우리 교회는 아주 전통적인 장로교회고 예배도 조용하게 드린다고 아무리 설명해도 요지부동이었습니다. 제가 여기서 강조하는 것은 교회당 용도로 건물을 구입하기가 결코 쉽지 않다는 것입니다. 그렇기 때문에 기도 가운데 시간을 충분히 갖고 발품을 많이 파는 것이 매우 중요합니다.

예배 처소를 구입하자마자 목사는 내부를 어떻게 구성할 것인지를 생각해야 합니다. 이 부분에 대해 정답이 있는 것은 아니지만 가장 좋은 것은 여러 작은 교회를 방문하는 것입니다. 방문해 보면 알겠지만 아무리 작은 교회라 할지라도 여러 가지 배울 것이 참으로 많습니다. 개척하기 일이 년 전에 부지

런히 작은 교회들을 배울 이유가 여기에 있습니다. 좋은 점뿐만 아니라 나쁜 점도 반면교사가 되어 시행착오를 최대한 줄일 수 있습니다.

인테리어를 구성할 때 몇 가지 지적하고 싶습니다. 개척 교회는 무엇보다 분위기가 밝아야 합니다. 예배 공간을 가능한 크게 하기 위해 지하를 선호하는 경향이 있는데 지하는 피하는 것이 좋습니다(물론 어떤 교회는 인테리어를 잘해서 지하 느낌이 전혀 나지 않는 교회도 있었습니다). 위치도 가능한 한 남향이어서 예배 시간에 햇빛이 밝게 들어오는 곳이 좋습니다. 또한 교회 비품들도 가능한 한 밝은 색상으로 선정합니다. 예배 상품 안내서를 보면 진한 색이 멋있어 보이지만 실제로 설치해 놓으면 조그만 예배당에서는 그와 같은 분위기를 연출하기가 매우 힘듭니다. 이것은 교회당의 블라인드나 커튼에도 마찬가지로 적용됩니다.

예배실은 최대한 단순하고 깨끗한 것이 좋습니다. 적지 않은 작은 교회들이 스크린, 프로젝트, 음향 기기, 배너, 보면대, 마이크 여러 개 등을 예배실 안에 들여놓는데 예배실 공간도 많이 차지할 뿐만 아니라 너무 시저분하게 보이고 어울리지 않기 때문에 촌스럽게 보입니다. 성경 공부 교실이나 친교실의 경우에는 벽을 책장으로 장식하고 좋은 서적들을 갖추어 놓는 것을 추천합니다. 특히 어린이 교육과 관련된 책을 많이 비치하게 되면 자녀 교육에도 도움이 될 뿐만 아니라 교회에 처음 온 부모들에게 좋은 인상을 줄 수 있습니다. 교회 비품은 시간이 지나면 조금씩 늘어납니다. 일관된 기준 없이 눈에 보기에 좋다고 해서 하나씩 갖다 놓기 시작하면 작은 예배실이 창고처럼 되는 것은 시간문제입니다.

••• 더 깊은 공부와 나눔을 위한 질문 •••

1. 교회 개척을 정말 하기를 원하는 사람들은 무엇보다도 먼저 무엇을 경험하는 것이 필수입니까?

2. 지은이는 목회에 성공한 경험이 반드시 있어야 함을 강조합니다. 그런 경험이 없다면 이를 위해 어떻게 할 것을 말하고 있습니까?

3. 작은 교회 목사야말로 무엇이 잘 준비되어 있어야 합니까?

4. 목사는 어떤 사람들을 멘토로 삼을 수 있습니까?

5. 좋은 멘토 그룹이 있을 때 목사에게 가장 큰 유익은 무엇입니까?

6. 개척 교회 목사에게 가장 중요한 덕목은 무엇입니까(딛 1:7 참고)?

7. 자신이 목회하는 지역을 사랑한다는 것이 구체적으로 어떻게 드러나야 할까요? 자신과 교회를 되돌아보고 나눠 봅시다.

8. 교회가 장기적으로 성장하기 위해서는 목회의 주 관심을 어떤 사람들에게 쏟아야 할까요?

9. 개척 교회 준비의 첫걸음은 어디서부터 시작해야 할까요?

〈7장 무엇을 어떻게 준비해야 할 것인가〉를 읽으면서 하나님께서 깨닫게 해 주신 것과 베풀어 주신 은혜를 생각하며 감사합시다. 또 깨달아 배우고 확신한 일에 거할 수 있게 해 달라고 기도합시다.

8장

분립 개척:
개척 교회가 가장 효과적으로 자립하는 길

- 진정으로 "제일"교회가 되기 원한다면
- 더 깊은 공부와 나눔을 위한 질문

8장

분립 개척: 개척 교회가 가장 효과적으로 자립하는 길

목사가 바르고 좋은 작은 교회를 잘 만들 때 그 교회가 성장한다는 것이 본 책의 요지 중 하나입니다. 정말 목회를 잘하여 교회가 어느 정도 성장했을 때 어떻게 해야 할까요? 이것이 작은 교회 목사에게는 꿈과 같은 이야기일지 모르지만 이런 생각을 미리하고 목회의 방향을 정해야 합니다. 실제로 이 문제를 정확하게 처리하지 못해서 그동안 일구어 놓았던 교회를 한순간에 허물어뜨리는 경우도 적지 않기 때문입니다. 교회 성도 수가 늘어서 이백 명 정도가 되었다고 생각해 봅시다. 일반적으로 목사들은 교회당을 지으려고 할 것입니다. 그렇게 생각하는 이유는 교회당을 멋있게 짓는 것이 대부분의 목사들에게 꿈이기 때문입니다.

누구나 알고 있듯이 건물을 짓는 데는 적지 않은 돈이 듭니다. 그 안을 장식하는 데도 건물 짓는 것에 못지않은 비용이

듭니다. 더 나아가 그것을 관리하는 것은 건물 평수에 따라 기하급수적으로 늘어납니다. 더 나아가 대부분 빚을 내서 건물을 짓기 때문에 금융 비용 역시 교회를 운영하는 데 계속 부담이 됩니다. 따라서 목사가 교회 건물을 새로 지으려고 하면 정확한 비용을 계산해야 합니다. 이것은 주님께서 누가복음 14장에서 두 가지 비유를 사용하면서 제자들에게 가르치신 교훈입니다. 건물을 짓고 장식하고 관리하는 비용을 계산하는 것은 그렇게 어려운 일이 아닙니다. 건축 회사나 시공사와 같은 전문가들이 정확하게 계산해 줄 것입니다. 그러나 정작 어려운 것은 이처럼 외적 계산이 아닙니다. 교회 건축하는 교회치고 돈이 충분히 있어서 짓는 교회는 거의 없을 것입니다. 그렇다면 목사가 정말 계산해야 할 것은 무엇입니까? 바로 보이지 않는 성도들의 믿음입니다. 오늘날 상당수의 교인들이 교회당을 짓자고 하는 순간 교회를 떠나는 경우가 적지 않습니다. 제가 아는 목사도 개척한 지 얼마 지나지 않아 이백 명 정도의 교회로 성장시켰는데 무리하게 교회당 건축을 하려고 하니 성도들이 대부분 떠나고 말았습니다. 이것을 성도들의 잘못으로만 돌릴 수 있을까요? 오히려 성도들의 믿음을 정확하게 파악하지 못한 목사의 책임이 더 크지 않을까요?

교회가 성장하여 어느 정도 규모가 되면 분립을 고려하는 것이 좋습니다. 물론 이것이 절대 옳다는 말은 아닙니다. 잘

못 분립했다가는 오히려 두 교회 모두 큰 해가 될 수도 있기 때문입니다. 하지만 분립은 장기 목회의 관점에서 대단히 큰 유익이 있습니다. 목회를 오래하다 보면 성도들과 관계가 조금씩 깨지는 경우가 있습니다. 목사들은 대부분 관계가 깨진 성도들을 안고 가려고 합니다. 그러나 그 성도들에게 쏟는 에너지가 너무 많습니다. 만약 그 에너지를 새신자나 연약한 성도들에게 쏟았다면 훨씬 더 좋은 효과가 나왔을 수 있습니다. 목사가 노력을 하면 그 관계가 회복되는 경우도 있지만 대부분은 관계가 더 나빠지는 경우가 적지 않습니다. 점점 더 목사와 교인의 관계는 악화가 되고 나중에는 치유할 수 없는 경우에 도달하기도 합니다. 무조건 성도들을 자기 교회에 붙들어 두어서 교인 숫자를 늘리는 것이 좋은 목회가 아닙니다. 그렇다고 목사가 자기 교회 성도들을 마음에 들지 않는다고 나가라고 할 수는 없는 일입니다. 결국 가장 좋은 방법은 정기적으로 분립 개척을 하여 그 같은 성도들이 좋은 목사님을 청빙하여 기쁜 마음으로 떠나게끔 하는 것입니다. 이것이 제도화된다면 목사나 교회에 불만을 크게 갖고 있는 교인들도 분립 개척의 때를 기다리면서 교회 일에 협조하게 될 것입니다. 하지만 분립이 그렇게 쉬운 일은 아닙니다. 다음 이야기는 개척 교회 분립할 때 실제 일어난 일입니다. 이것을 여기에 소개하는 궁극적 이유는 바르고 좋은 작은 교회가 살아남는 가장 효과적 방법이 분립 개척이기 때문입니다. 특별한 교회가 아니라 거의 알려지지 않은 교회를 소개한 이유는 분립 개척이 그렇게 특별한 일이 아닐 수 있다는 것을 알리고 싶었기 때문입니다.

진정으로 "제일"교회가 되기 원한다면[7]

"목사가 자기 살은 베어 주어도 자기 교회 교인들은 떼어 주지 않는다."는 말이 있습니다. 이것을 좋게 해석하면 목사가 자기 교인을 정말로 사랑한다는 말로 이해할 수 있으나 더 정직하게 해석하면 우리나라 교회 목사들이 개교회 중심주의의 늪에 얼마나 깊이 빠져 있는지를 잘 나타내는 표현입니다. 이 말은 분립 개척이 얼마나 쉽지 않은지를 선명하게 보여 줍니다. 개척을 하는 교회에 기도로 지원하고 돈으로도 엄청난 지원은 하지만 성도까지 떼어 주면서 지원하는 교회를 찾아보기 힘든 이유가 여기에 있습니다. 그러나 생각을 바꾸어 보면 담임 목사만 생각을 바꾸거나 분립 개척에 대한 생각을 갖고 있으면 분립 개척이 그렇게 어려운 일도 아니라는 것을 쉽게 알 수 있습니다.

---

7) 이 장에 쓴 글은 「활천」지 2009년 9월 호에 나온 글을 약간 편집한 것입니다.

여기에 소개하는 경상남도 통영에 있는 충무제일교회(예장고신)가 그런 예라고 할 수 있습니다. 이 교회의 담임 목사인 이경열 목사는 평소에 분립 개척에 대한 생각을 늘 하고 있었습니다. 이것은 어떻게 보면 자연스러운 것이었습니다. 농촌에서 아주 작은 교회를 목회할 때 도시에 있는 대형 교회들이 자기 교회만 키우는 것이 올바르지 않다고 보고, 교회가 너무 커지면 분립해서 교회를 개척하는 것이 바람직한 방향이라고 보았습니다. 특히 한 교회가 주일에 예배를 여러 번(2부, 3부, 4부……) 드리는 것을 몹시 못마땅하게 생각했습니다. 그러나 이런 생각을 했던 목사들도 젊었을 때 한때뿐이지 도시에 있는 큰 교회에서 목회를 하다 보면 생각을 대부분 바꾸는데 이 목사는 자신의 생각을 그대로 실천하는 목사였습니다.

1991년 통영에 있는 충무제일교회에 부임해 왔을 때 교인들은 약 이백 명 정도였습니다. 당회가 두 그룹으로 나뉘어 극한 대립을 하고 있는 힘든 교회였지만 목회를 잘하여, 아파트 지역에 있는 종교 부지를 얻어서 그다음 해에 육백 석 규모 되는 아름다운 교회당도 지었습니다. 이 목사의 목회는 특이한 점이 없습니다. 대표적인 예로 "특별 새벽 기도"같이 무슨 특별한 프로그램이 전혀 없습니다. 본인도 자신의 목회는 "특이한 점이 없다는 것이 특이한 점"이라고 자주 언급합니다. 어떻게 보면 분립 개척도 이 목사가 지극히 상식적인 목회를 했기 때문에 가능한 것이라고 할 수 있습니다. 충무제일교회는 중소 도시에서 기본이 튼튼한 교회입니다. 새벽 기도회 참석하는 비율이 매우 높고 장로들이 거의 전원 새벽 기도회에 참석합니다. 구역 예배 역시 참석하는 숫자가 매우 많고 구역 헌금도 다른 교회에 비해 매우 많은 편인데 전액 전도와 선교비로 지출합니다. 아주 보수적이고 전통적 고신교회기 때문이기도 하지만 교인이 상당수 십일조 생활을 합니다.

교회당을 짓고 나서 교회는 조금씩 성장하여 1997년에는 예배에 삼백팔십 명 정도 평균 출석을 하게 되었습니다. 주일 오전 예배에 일 층 좌석이 보기 좋게 다 찰 정도였습니다. 어떻게 보면 분립 개척을 할 이유가 전혀 없는 상태였습니다. 오히려 전도를 더 열심히 해서 이 층에 비어 있는 자리까지 다 채워야 할 상황이었습니다. 따라서 목사 본인이 분립 개척을 생각한다고 해도 당회에서 허락을 받기가 쉬운 상황은 아니었습니다. 그러나 이 목사는 평소 자신이 갖고 있는 생각을 지혜롭게 실천하기로 했습니다. 충무제일교회는 오십 년 가까이 되는 아주 역사가 오래된 교회였는데 이 목사는 이 점을 활용했습니다. 당회에서 "우리 교회가 오십 년이 다 되어 가는데 아직까지도 교회 하나 개척을 하지 못한 것은 하나님께 참으로 부끄러운 일입니다. 2000년이면 오십 주년이 되는데 지금부터 준비해서 교회를 개척합시다." 하고 말했습니다.

하나님의 섭리로 당회는 이 목사의 안을 받아들여서 개척을 하기로 결정했습니다. 그러나 이 목사가 언급했듯이 충무제일교회는 개척을 한 경험이 전혀 없었습니다. 개척 결정은 했지만 구체적으로 어떻게 할 것인지는 거의 이 목사의 아이디어에서 나올 수밖에 없었습니다. 이것은 또한 개척이 실패하면 모든 책임을 담임 목사가 질 수도 있는 상황이었습니다. 일단 지역은 죽림이라는 통영 외곽 한적한 곳이었는데 이 목사는 개척이 성공하기 위해서는 모교회 근처에 지어야 한다고 생각하고 있었습니다. 이곳에는 대단위 아파트가 들어설 지역이었는데 (당시는 그야말로 전형적인 촌이었습니다.) 이 목사는 그곳에 교회가 서면 반드시 성공할 것이라는 확신이 있었습니다.

이 목사는 교회 개척이 확실하게 성공하기 위해서는 교회당을 지어 주고 재정을 지원하는 것을 넘어서 교인들도 떼어 주어야 한다고 생각했습니다. 하지만 이것은 결코 쉬운 일이 아니었습니다. 우선 이 목사가 대형 교회 목사처럼 절대적 카리스마가 있지도 않았고 그 교회를 개척해서 교회 내에서 절대권을 행사할 수도 없는 입장이었습니다. 본교회당은 지은 지 얼마 되지 않은 아주 좋은 건물이었기 때문에 교인들이 본교회를 떠나기를 꺼려 했습니다. 더구나 죽림 지역에서 나오는 구역은 열 가정 정도가 되었는데 대부분이 초신자였습니다. 처음에 이 목사는 "이 구역에 소속된 사람들은 다 가십시오."

하고 강하게 권면을 했지만 그것이 여의치 않자 "가고 싶은 사람만 가십시오." 하는 청유형으로 바꾸었습니다.

처음에는 분립된 교회가 초라하지나 않을까 걱정이 되어서 가기를 꺼려 했지만 모교회의 지원으로 조립식이기는 하지만 교회당 건물도 세워지고 그 안에 모든 비품이 새것으로 채워져 규모 있는 교회의 모습을 갖게 되자 교인들의 생각이 많이 바뀌었습니다. 더구나 자립할 때까지 담임 목사의 사례비도 모교회가 책임을 졌기 때문에 재정 부담에서 벗어날 수 있었습니다. 결국 그 구역의 모든 성도가 다 분립된 교회로 가게 되었습니다. 분립 교회로 간 사람들에게 분립된 교회는 모교회에 비해 아쉬운 점이 없지는 않았지만 좋은 점도 있었습니다. 모교회에서 그 사람들은 초신자였기 때문에 교회에서 거의 주변인들이었습니다. 하지만 분립된 교회에서 그 사람들은 교회를 책임져야 할 지도자들이 되었습니다. 당연히 그 사람들은 책임 있는 신앙생활을 해야 했고 신앙이 급속도로 성장했습니다.

분립 개척이 성공했던 가장 결정적 이유는 이 목사가 분립된 교회를 철저하게 모교회의 한 지체라는 점을 강조했기 때문이었습니다. 무엇보다도 이 목사는 새 교회 이름을 "충무제이교회"라고 붙였습니다. 어떻게 보면 이것은 당시 시대 흐름에 비추어 보아서는 시대를 역행하는 이름이었습니다. 모두 개척 교회라고 하면 뭔가는 색다르고 참신한 이름을 짓고 있었습니다. 예를 들면 온누리 교회, 사랑의 교회 등. 그러나 그런 참신한 이름들은 십 년이 지난 오늘날 다 진부한 이름이 되어 버렸고 우리나라 개신교회는 생소한 교회 이름들이 난무하게 되었습니다. 이제는 더는 참신한 이름을 찾을 수 없을 정도로 교회 이름은 공해 수준에 이르렀습니다. 그러나 충무제이교회는 오늘날 오히려 사람들에게 깊은 인상을 주고 궁금증을 유발하는 교회가 되었습니다. 통영을 여행한 사람들은 한 번쯤은 고속도로 바로 옆에 있는 충무제이교회를 본 적이 있을 것입니다. "충무제이교회"라는 이름은 이후에 개척된 충무제삼교회와 충무제사교회의 서막을 알리는 이름이었습니다.

누군가가 언어가 사람의 사고를 지배한다고 했듯이 충무제이교회라는 이름은 모교회로 하여금 분립 개척에 정말 자연스럽게 관심을 갖게 했습니다. 이 목사는 확신에 찬 어조로 "분립된 교회는 남의 교회가 아니라 우리교회"라고 강조를 했습니다. 실제로 이 목사는 제이, 제삼, 제사교회를 모두 "자기" 교회라고 생각합니다(물론 이 목사 스스로 그렇게 생각할 뿐이고 이들 교회를 간섭하는 일은 거의 없습니다. 이 교회들은 철저하게 독립된 교회들입니다). 분립 개척에 적지 않은 재정 지원이 되었지만 모교회 성도들은 제이교회를 자기 교회처럼 생각했기 때문에 그것을 아깝다고 생각하지 않았습니다. 실제로 개척 교회 목사를 모실 때도 처음에는 모교회의 부목사로 청빙을 했습니다.

그래서 교회당이 세워질 때까지 모교회에서 이 목사를 도와 모교회에서 같이 사역을 하기도 했습니다. 잠시기는 했지만 신임 목사가 모교회 성도들과 얼굴을 익힐 좋은 기회였습니다. 분립 개척의 이 같은 정책은 이후의 개척 교회에도 계속 이어졌습니다. 제삼, 제사교회도 충무제일교회에서 부교역자로 봉사한 분들이 개척을 했습니다.

물론 하나님 일에 어려움이 전혀 없었던 것은 아닙니다. 아무리 분립 개척이 좋은 일이라 하더라도 또한 그것을 실제로 실천하려고 하더라도 결코 쉬운 일이 아닙니다. 앞에서 보았듯이 당장 누가 나갈 것인가가 문제가 됩니다. 충무제일교회의 경우 이 문제가 상대적으로 쉽게 해결된 편이지만 다른 문제도 있었습니다. 교회당 건물 앞에 "욕쟁이 할머니"라고 불리는 불교 신자가 살고 있었는데 자기 집 앞에서 스피커로 불경을 시끄럽게 틀어 예배를 방해했습니다. 실제로 서부 경남 지역은 불교나 다른 종교의 비율이 매우 높습니다. 제삼교회를 개척할 경우에는 마을 사람들 전체가 교회당 건립을 너무 반대하여 결국 그 장소에 설립하는 것을 포기할 수밖에 없었습니다(물론 하나님께서는 더 좋은 장소를 예비하셨습니다). 초신자들이었던 설립 멤버들은 그런 방해를 오랫동안 견뎌 내야만 했습니다. 그 가운데서 더욱더 하나님께 의지하게 되었음은 물론입니다. 교회가 더 굳건하게 설립되고 안정화되어 가자 그

할머니도 예배 방해를 결국 그만두었습니다.

교회 일은 외적 방해뿐만 아니라 내적 방해도 있었습니다. 아무리 좋은 일도 보기에 따라서는 전혀 다르게 해석할 수 있는 것이 아니겠습니까? 실제로 누가 보아도 개척할 이유가 없는데 담임 목사가 분립 개척을 한다고 하니까 이상한 소문이 돌기도 했습니다. 모든 교회에는 목사를 좋지 않게 보는 세력들이 있기 마련인데 그중에서 어떤 이들은 담임 목사가 은퇴 후에 갈 자리를 확보하기 위해 이런 일을 한다는 소문을 퍼뜨리기도 했습니다. 이 목사의 입장에서 보았을 때는 정말 황당하기 짝이 없는 소문이었지만 그런 소문마저 참고 추진해야 했습니다. 솔직히 어떤 때는 '이런 수모를 당하고도 해야 하나.' 하는 생각도 들었을 것입니다.

가장 큰 어려움은 개척 목사에게서 왔습니다. 그 목사는 여러 면에서 무난하게 목회를 했고 교회도 큰 어려움이 없었음에도 이 년여 만에 개인적 사정으로 교회를 사임하고 다른 교회에서 청빙을 받아 떠났습니다. 그러나 교인들은 이런 계기를 통해 충무제이교회에 더 적합한 목사를 신중하게 검증하여 청빙하게 되었고 후임 목사의 성실한 사역을 통해 교회는 꾸준히 성장할 수 있었습니다. 현재 제이교회는 주일 평균 백팔십 명이 예배에 참석하고 있고 최근 십삼 억을 들여서 교회당도 건립했습니다. 물론 이 과정에서 모교회의 직·간접적 지원이 있었음은 물론입니다.

충무제이교회가 이처럼 성장 자립하게 되자 가장 큰 열매를 얻은 것은 모교회인 충무제일교회였습니다. 이십여 명이 분립해 나가서 처음에는 빈자리가 커 보였으나 그 빈자리는 금방 다시 채워졌습니다. 모교회 성도들은 개척하는 기쁨을 누리게 되었습니다. 이전에는 한 번도 경험해 보지 못한 기쁨이었습니다. 제일교회 전체가 지역 사회에 좋은 이미지를 심어 주었을 뿐 아니라 이 목사 자신도 이 일로 주위에서 좋은 평판을 얻게 되었습니다. 이 목사를 만나는 목사들이나(특히 후배 목사들) 사람들마다 "이 목사님, 정말 대단합니다." "어떻게 그런 일을 할 수 있습니까?" "정말 존경합니다." 하고 인사를 한다고 합니다. 이런 기쁨은 목사가 자기 것을 포기함으로만 얻을 수 있는 것입니다. 다시 한 번 강조하지만 분립 개척은 모교회에 손해를 주는 것이 아니라 유익을 많이 준다는 것을 큰 교회 목사들은 꼭 기억해야 합니다. 현재 충무제일교회는 제이, 제삼, 제사교회를 분립 개척 했음에도 사백오십 명 정도가 주일 오전 예배에 출석하고 있습니다.

분립 개척으로 말미암아 교인들은 하면 된다는 자신감을 품게 되었고 교회 개척에 대한 공감대가 형성되었습니다. 제삼, 제사교회를 개척하는 일에 별다른 반대 없이 수월하게 일이 진행되었습니다. 충무제삼교회는 통영 지역에 있는 세 개의 큰 교회가 연합하여 이 년마다 돌아가면서 개척 교회를 세우는 프로젝트의 일환으로 설립되었고(충무제일교회는 세 개 교회 중 책임 교회였습니다), 충무제사교회는 제삼교회가 개척된 지 시간이 얼마 지나지 않아서 계획에는 없었지만 제일교회 출신으로 모교회에서 시무하고 있었던 강도사가 개인적으로 개척함으로 시작되었습니다. 제삼교회는 작지만 안정적으로 자리를 잡고 성장하고 있고, 제사교회는 개척한 지 얼마 안 되어 모교회의 도움을 받고 조금씩 자라고 있는 중입니다.

우리 주위에 ○○제일교회라는 이름을 너무 많이 봅니다. 하지만 제이, 제삼교회가 없는 제일교회가 무슨 의미가 있을까요? 참된 "제일"교회는 제일 큰 교회 혹은 제일 좋은 교회를 뜻하는 것이 아니라 제이, 제삼, 제사교회를 계속 잉태하는 교회입니다. 그 점에서 충무제일교회야말로 진정한 의미에서 제일교회라고 할 수 있습니다.

••• 더 깊은 공부와 나눔을 위한 질문 •••

1. 정말 목회를 잘하여 교회가 어느 정도 성장했을 때 어떻게 해야 할까요? 자신의 생각을 나눠 봅시다.

2. 교회를 건축하고자 할 때 목사가 정말 계산해야 할 것은 무엇입니까? 왜 그렇습니까?

3. 지은이는 교회가 성장하여 어느 정도 규모가 되면 어떻게 하는 것이 좋다고 말합니까? 그 유익은 무엇입니까?

4. 충무제일교회 이야기를 읽어 봅시다. 분립 개척이 성공했던 가장 결정적 이유는 무엇입니까?

5. 분립 개척을 한 후 가장 큰 열매를 얻은 것은 사실 어느 교회입니까?

6. 자신과 자신이 속한 교회를 되돌아보고 우리가 나아가야 할 방향과 그에 따른 실천 사항들을 구체적으로 나눠 봅시다.

〈8장 분립 개척: 개척 교회가 가장 효과적으로 자립하는 길〉을 읽으면서 하나님께서 깨닫게 해 주신 것과 베풀어 주신 은혜를 생각하며 감사합시다. 또 깨달아 배우고 확신한 일에 거할 수 있게 해 달라고 기도합시다.

글을 닫으며

저는 이 책에서 제시한 정도正道를 그대로 따라하면 자동적으로 교회가 성장한다고 주장하는 것은 아닙니다. 그러나 강조하고 싶은 것은 이 정도는 목회자라면 아무나 할 수 있다는 것, 이 방법은 작은 교회가 살아남을 수 있는 기본 토대를 제공한다는 것입니다. 웨스트민스터 신앙고백서 1장 6절이 보여 주듯이 작은 교회가 살아남는 방법은 말씀의 일반적 규칙을 따라야 하고 하나님께서 목회자에게 주신 이성을 잘 사용해야 할 뿐만 아니라 사리를 분별하여 목회를 운영하는 것입니다. 이 방법들은 하나님께서 이미 모든 목회자에게 공개적으로 알려 주신 것입니다. 그렇다면 목회자는 주님의 종으로서 이미 받은 선물들과 방편들을 잘 이용해야 합니다. 이 외에 뭔가 특별한 비법을 찾으려고 하는 것은 주님보다 더 지혜로워지려고 하는 것입니다.

이 책은 단지 책상 위에서만 쓴 책이 아닙니다. 저는 교회를 개척했을 뿐 아니라 시간과 여건이 되는 대로 작은 교회를 방문했고 그 교회를 목회하는 분들과 교제를 나누었습니다. 또한 실제로 "작은 교회 살아남기"라는 강의를 여러 번 했고 그때마다 참석한 목회자들과 진지한 토의와 비평을 나누었습니다. 그런 과정 속에서 제 생각을 계속 다듬고 교정했습니다. 어떻게 보면 이 책은 작은 교회 목회자들의 생각을 체계적으로 정리한 것이라고 할 수 있습니다. 지금도 고군분투하고 있는 모든 작은 교회 목회자에게 격려하는 박수를 보냅니다.

 이 책은 작은 교회 목회자들을 위한 교과서로 쓰인 것이 아닙니다. 이 책은 작은 교회를 위해 해답을 제시하기 위한 것도 아닙니다. 이 책의 주목적은 작은 교회 목사나 성도들이 평소에 고민하거나 생각하지 못한 것들을 한번 상기시키고자 하는 것입니다. 작은 교회 목사들이 모여 이 책에서 제시한 내용들을 갖고 진지하게 서로 토의한다면 이 책에서 한 제안보다 훨씬 더 좋은 목회적 대안들을 찾아낼 수 있을 것입니다.

 혹시라도 이 책에서 사용한 표현의 한계 때문에 작은 교회 사역자들이 상처를 입지 않기를 바랍니다. 어떤 분들은 책을 읽고 자신감을 더 상실했을 수도 있습니다. 사실 이 책에서 다룬 주제 자체가 그분들에게 부담이 될 수도 있다고 봅니다. 아마 다른 어떤 저자도 그분들의 절박감을 제대로 이해하기가 쉽지 않을 것입니다. 그만큼 우리나라 교회에 있는 작은 교회의 상황이 열악하기 때문입니다. 이 책의 한계는 결국 우리나라 교회의 한계일 수밖에 없습니다. 우리나라 사회와 우리나라 교회와 그곳에 소속된 성도들이 변하지 않는 한, 작은 교회를 살리려는 어떤 시도들도 무의미할 뿐입니다. 그러나 제가 알고 있기로 우리나라의 어떤 신학 교수도 이 주제를 이 책만큼 심각하게 고민하면서 쓴 사람은 없습니다. 이 책을 계기로 우리나라의 신학 교수들도 이 문제에 관심을 갖고 제대로 연구하는 운동이 일어난다면 또한 성도들이 작은 교회에 더 많은 관심을 갖게 된다면, 목회자들이 비법을 포기하고 정도正道를 걷게 된다면, 이것들이야말로 이 책을 쓴 제게 가장 큰 기쁨이 될 것입니다.

몇 가지 제안

- 새신자 소개
- 찬양대
- 듣는 전도

부록

몇 가지 제안

새신자 소개

작은 교회 목사들은 항상 하나님께서 택하신 새신자가 올 것을 대비하고 목회를 해야 합니다. 그리고 항상 새신자의 관점에서 목회를 바라보아야 합니다. 새신자는 교회가 자신에게 너무 무관심해도 섭섭하게 생각하지만 너무 관심을 가져도 부담스럽게 생각합니다. 정말 목회적 지혜가 필요한 부분이 바로 이 부분입니다. 큰 교회는 보통 어떤 신자가 처음 교회를 방문하게 되면 예배 시간에 그 자리에 일어서게 하고 간단한 소개 후 박수치는 것으로 소개 시간을 마칩니다. 많은 사람의 관심을 받는 것이 부담스럽지만 교인이 많기 때문에 잠시 어색함만 지나면 별 문제가 되지 않습니다. 앉아 있는 사람들은 상당수 소개하는 사람에게 별로 주목하지 않습니다.

하지만 작은 교회는 다릅니다. 모든 사람의 주목을 한 몸에 받게 됩니다. 소개 시간이 새신자에게는 엄청 부담스러운 시간이 될 수밖에 없습니다.

저는 이 문제에서 발상의 전환을 제안합니다. 새신자 소개 시간에 새신자를 소개하기보다는 차라리 기존 교회 교인들을 새신자에게 소개하는 것입니다. 저희 교회는 새신자가 이 주 연속으로 방문하면 예배 후 적당한 시간에 성도들 중 세 명 정도를 소개하는 시간을 가집니다. 이들을 임의로 정할 수 있겠지만 나이나 성별 등을 고려하여 선별할 수도 있습니다. 이 사람들이 왜 교회를 다니게 되었는지, 교회에서 받는 유익이 무엇인지, 교회의 좋은 점이 무엇인지를 솔직하게 말하는 시간을 갖습니다. 이런 시간을 먼저 가진 다음에 새신자로 하여금 소개하게 한다면 훨씬 더 자연스럽게 새신자 소개 시간을 가질 수 있습니다.

찬양대

작은 교회 살아남기 원칙에서 보았을 때 찬양대는 예배 시간에 없애는 것이 좋습니다. 오늘날 많은 사람이 찬양대는 예배에 필수라고 생각하기 때문에 찬양대가 없는 예배를 생각하기가 심히 어렵게 되었습니다. 이것은 정도正道의 관점에서 볼 때 명약관화합니다. 무엇보다도 작은 교회는 큰 교회보다 좋은 찬양대를 유지할 수가 없습니다. 찬양대를 유지하는 데 상당한 행정적 비용을 소용합니다. 찬양대의 특징은 찬양대 연습을 하는 동안에 교회 모든 업무가 거의 마비가 된다는 것입니다. 일반적으로 볼 때 찬양대원 중에는 교회의 가장 핵심 인원들이 다 자리잡고 있습니다. 작은 교회일수록 찬양대에 의존하는 것이 너무 큽니다. 제 경우 작은 교회의 전도사로 봉사하고 있을 때 찬양대 때문에 주일 학교 교육을 제대로 할 수 없었습니다.

새신자의 관점에서 보았을 때도 찬양대는 큰 단점이 있습니다. 새신자가 교회에 처음 와서 본당 문을 열었을 때 가장 큰 어려움은 무엇일까요? 그것은 바로 어디에 자리를 잡아야 할지를 모른다는 것입니다. 그 사람은 주로 가장 뒷자리 모서리에 혼자 앉게 될 것입니다. 처음 온 교회에 아무것도 모르는 상태에서 혼자 있다는 것이 얼마나 당황스럽겠습니까? 그런데 만약 어떤 찬양대원이 새신자를 전도했다고 가정해 봅시다. 찬양대원의 인도를 받아서 교회에 왔는데 정작 찬양대원은 연습실에서 연습하고 있고 (그래서 자신이 전도한 사람에게 인사도 제대로 못하고) 예배 시간에는 성가대 석에 따로 앉아 있다면 그 새신자는 예배 시간 동안 혼자 어떻게 편하게 지낼 수 있겠습니까? 당연히 그 찬양대원은 찬양대를 포기하고 새신자 옆에 앉아 예배를 도와주는 것이 자신이 해야 할 일입니다. 이 때문에 가정교회로 유명한 휴스턴 서울 침례교회는 아예 찬양대를 예배 시간에 운영하지 않습니다. 저는 가정교회에 동의하지 않지만 이 점만큼은 작은 교회가 참고할 만하다고 생각합니다.

듣는 전도

이른바 노방 전도는 오늘날 불신자들에게 불쾌감을 주는 상황에 이르렀기 때문에 세심한 주의가 필요합니다. 요즘에는 아예 접촉조차도 기피하는 사람들이 절대 다수를 이루고 있습니다. 이런 상황에서 전도하는 방식도 근본적으로 재고할 필요가 있습니다. 지금까지 일반적인 전도 방식은 복음을 일방적으로 제시하고 영접 기도로 이어지는 사영리 식의 전도 방법이 유행했습니다. 이런 방식의 전도 방법이 틀린 것은 아니지만 전도에는 어떤 한 가지 방법이 정해진 것은 아닙니다.

이 점에서 저는 듣는 전도라는 방식을 추천합니다. 듣는 전도는 말하는 전도와 완전히 반대되는 방식인데 예를 들면 이와 같이 전도를 하게 됩니다. "저는 이 근처 OO교회 목사입니다. 제가 이 지역에서 목회를 하려고 하는데 앞으로 어떤 교회가 되면 좋겠습니까? 지역 사회에 어떤 일이 필요한가요?"라는 식으로 전도하는 것입니다. 즉 우리 생각을 알리기보다는 그 사람들의 생각을 듣는 방식으로 전도 활동을 하는 것이 이 전도의 핵심입니다.

제가 알고 있는 자료에 따르면 의외로 많은 사람이 일방적 전도에 대해서는 상당한 불쾌감을 드러내었지만 듣는 전도에 대해서는 관심을 보이면서 자신들이 그동안 교회에 대해 하고 싶은 얘기들을 많이 쏟아 내었습니다. 이런 식으로 전도를 하면 목사는 그 지역 사람들을 더 잘 이해하게 되고 어떤 식으로 목회를 해야 할 것인지 도움을 많이 얻을 수 있습니다. 물론 엄밀한 의미에서 이것을 전도라고 할 수 있을지 모르겠지만 이런 식의 접촉을 통해 전도 대상자들이 불쾌감을 느끼지 않으면서 교회에 좋은 인상을 얻게 되는 것만은 분명합니다.

바른 목회와 교회 성장

비법은 없다

펴 낸 날	2013년 3월 15일 초판 1쇄
	2019년 5월 1일 초판 3쇄
지 은 이	이성호
펴 낸 이	한재술
펴 낸 곳	그 책의 사람들
편 집	서금옥
디 자 인	안소영

판   권 ⓒ 그책의사람들 2013, Printed in Korea.
저작권법에 의하여 한국 내에서 보호를 받는 저작물이므로 무단 전재와 복제를 금합니다.

주 소	경기도 수원시 권선구 서둔동 361-1 성일아파트 107-213
전 화	0505-273-1710
팩 스	0505-299-1710
카 페	cafe.naver.com/thepeopleofthebook
메 일	tpotbook@naver.com
페이스북	www.facebook.com/tpotbook
등 록	2011년 7월 18일 (제251-2011-44호)
인 쇄	불꽃피앤피

책 값	9,000원
I S B N	978-89-967375-6-8 04230
	978-89-967375-5-1 04230(세트)